FRANÇOIS
MITTERRAND
DANIÈLE MOLHO

LES ESSENTIELS M

Sommaire

François Mitterrand

François Mitterrand, un homme de son siècle ou un homme dans le siècle ? Né lors de la Première Guerre mondiale, façonné par la Seconde, tenu en alerte par les risques d'une troisième déflagration, ses cinquante ans de vie publique marquent, par leur longévité, un formidable pan de l'histoire de France : celle de la fin du XXe siècle et de son entrée dans le XXIe. Les historiens diront plus tard si le tacticien et le stratège s'effacent devant le visionnaire. Ou si les travers de l'homme masquent le bilan du politique. Toutefois, ce qui reste déjà, c'est l'histoire d'un homme amoureux de la vie. « *Je n'ai pas peur de mourir mais j'aime tellement vivre* », disait-il à ceux qui l'interrogeaient sur le pourquoi du long combat contre la mort qu'il a mené. Et c'est avec ses talents et sa séduction, avec son inépuisable appétit de vivre, sa curiosité des choses de la vie jamais assouvie, avec les bruits du monde, qu'il a rempli son existence.

Homme politique, écrivain, essayiste, aimant les arbres, les livres et les fleurs, Venise et ses mystères, les pyramides et leur grandeur, un coucher de soleil ou une aube étincelante, François Mitterrand n'a pas encore livré tous les mystères de son personnage. Ils sont aussi complexes que les méandres de sa vie dont il a souvent pris les chemins de traverse. Comme pour mieux la cacher.

Il était une fois un Charentais

C'est dans l'enfance que tout se joue ; celle de François Mitterrand est heureuse et équilibrée.

Il voit le jour le 26 octobre 1916 à Jarnac en Charente, cinquième d'une famille de huit enfants.

« Je me sens chez moi en Charente. Les qualités du ciel, de la terre, des productions de la vie, des hommes représentent pour moi un certain modèle. (...) Nous sommes réservés, peu portés aux confidences, une certaine distance s'établit entre les meilleurs amis. Mais on se respecte. »
(La Libre Charente, édité par La Charente libre, septembre 1994)

Joseph et Yvonne : le cheminot et la musicienne

Sa famille fait partie de la petite bourgeoisie de province qui n'a rien à voir avec celles des gros producteurs de cognac. Classée à droite, la famille Mitterrand, catholique pratiquante, est engagée dans le catholicisme social. Son père Joseph est un homme taciturne, souvent silencieux, cheminot puis employé des chemins de fer – il finira sa carrière administrative comme chef de gare à Angoulême – avant de prendre en charge jusqu'à

François Mitterrand, à droite, et son frère aîné Robert, à gauche, photographiés à Cognac (Charente) en petit costume de marin.

RACINES | LE MINISTRE | LE SOCIALISTE | LE PRÉSIDE

la fin de sa vie la vinaigrerie de sa belle-famille, les Lorrain. Sa mère Yvonne, morte à 55 ans, est une femme pieuse à la forte personnalité ; cultivée, musicienne, peintre à ses moments perdus, elle s'abonne à la *Nouvelle Revue Française* (NRF) et se montre intraitable sur les bonnes manières : à table, on ne parle jamais d'argent.

Touvent : le paradis perdu

L'enfance se passe entre Jarnac et la maison des grands-parents Lorrain, à Touvent, du côté d'Aubeterre, aux confins de la Dordogne. On y fait du vélo, du tennis sur gazon « à l'anglaise », et certains étés, une institutrice vient dispenser son savoir. Les souvenirs de Touvent remontent toujours à la surface comme ceux d'un paradis perdu. À l'époque, François Mitterrand déclare à qui veut bien l'entendre : « *Je serai roi ou pape* » : il deviendra président.

Au collège Saint-Paul

François Mitterrand fait des études classiques (grec, latin, etc.) au collège Saint-Paul d'Angoulême : il est pensionnaire chez les pères où il arrive pour la rentrée de 1926. Il y restera jusqu'en 1934. Dortoir, réfectoire, lever à 5 h, travail et prières sont le lot de tous les élèves dont Pierre de Bénouville, futur gaulliste fervent, qui restera un fidèle jusqu'à la fin. Les liens noués avec les pères resteront à jamais solides et, en 1987, il donnera l'ordre du mérite au chanoine Coudereau. François Mitterrand, grand amateur de football, aimant l'histoire et la géographie, le latin et la rhétorique, est un élève moyen mais il acquiert la passion de l'écrit. Il se plonge dans la lecture : Chateaubriand, Lamartine et Pierre Benoît ; Virgile dans le texte. Sans oublier Chardonne et Mauriac, les gloires du pays. Et lui qui va devenir un formidable orateur va rater son baccalauréat, à l'oral, en 1934, par timidité. Sa vie durant, il n'aura de cesse de prendre sa revanche par rapport à cet échec, à travers ses discours notamment.

« *Mon père s'était réfugié dans la réflexion loin de l'action qui le tentait et le repoussait à la fois. L'un des esprits les plus libres que j'eusse connus. Il ne pouvait user de cette liberté qu'en tête à tête avec lui-même ou avec tous ses huit enfants, pendant les vacances à la maison. Il aurait aimé le mouvement des villes, le mouvement des idées. La solitude et le silence furent ses compagnons.* » (Ma part de vérité)

Né dans une grande famille, il vit une enfance provinciale et pieuse, bercée par une éducation classique et religieuse.

À nous deux Paris

Étudiant et dandy parisien, il connaît son premier grand amour, emporté par la guerre et la captivité. Après deux évasions ratées, la troisième sera la bonne.

Un provincial à Paris

Quand François Mitterrand arrive à Paris en 1934, il n'est pas dépaysé puisqu'il est accueilli chez les pères maristes du 104 rue de Vaugirard, une lettre de recommandations de François Mauriac en poche. Son oncle, Robert Sarrazin, y est de plus déjà passé. Mitterrand s'y fera de solides amitiés. Il s'inscrit à la faculté de droit et à l'Institut libre des sciences politiques. Il est reçu avec bienveillance par le père Plazenet. Il va côtoyer François Dalle (futur patron de l'Oréal) et André Bettencourt (ministre de de Gaulle et Pompidou).

Le « 104 », c'est le prolongement du collège Saint-Paul (*voir* pp. 4-5) mais avec des chambres particulières. On y donne le gîte et le couvert à de jeunes provinciaux. Mais dans ce foyer atypique, ceux-ci trouvent aussi « une ambiance » et des conférences d'un haut niveau intellectuel.

Mondain à Paris et amoureux de Marie-Louise

Mais François Mitterrand, précédé à Paris par son frère aîné Robert, part en même temps à la conquête de la capitale. On le retrouve dans tous les salons, il ouvre les bals, participe aux thés dansants et devient le promeneur amoureux de Paris, qu'il restera toute sa vie. Il veut écrire et se voit journaliste : il publie ses premiers écrits dans la revue littéraire *Montalembert* et à l'*Écho de Paris*, journal de droite. C'est à cette époque qu'il tombe éperdument amoureux de Marie-Louise Terrasse, rencontrée au bal de Normale sup, et qui deviendra plus tard la speakerine Catherine Langeais. On célébrera les fiançailles, il lui offre une bague et en quatre ans, de 1938 à

1942, il lui écrira près de 2 000 lettres, avant qu'elle n'en épouse un autre (Pierre Sabbagh, pionnier de la télévision).

En 1938, François Mitterrand (5e au premier rang en partant de la gauche) fait sa préparation militaire supérieure au fort de Montrouge.

La tempête monte

L'époque pourtant est trouble. Il passe en 1938 son doctorat en droit mais va écouter Jacques Doriot, alors socialiste avant de passer à la collaboration, aussi bien que le colonel de La Roque et les Croix-de-Feu, à la droite de l'échiquier politique français. On le voit sur des photos à la Concorde en décembre 1935, lors d'une manifestation contre le Pr Jèze qui défend l'empereur d'Éthiopie contre l'invasion de son pays par Mussolini.

Soldat et prisonnier

Lorsque la Seconde Guerre mondiale éclate, François Mitterrand se retrouve simple soldat au 23e régiment d'infanterie coloniale au fort d'Ivry. En juin 1940, il est blessé près de Verdun. C'est la débâcle et l'internement au camp de Lunéville où il rencontre Georges Dayan, son ami de toujours, avant de se retrouver au stalag IX de Ziegeheim, matricule 21 716. Par deux fois, il essaye de s'évader : la troisième en décembre 1941 sera la bonne.

En captivité, François Mitterrand noue quelques solides amitiés, notamment avec Patrice Pelat. Il découvre la solidarité et le sens de l'organisation des communistes. Une expérience qu'il n'oubliera jamais et qui va l'orienter vers le socialisme.

Les années parisiennes d'avant-guerre conduisent François Mitterrand à la maturité : sur les plans sentimental, politique et de la solidarité sociale.

Fonctionnaire à Vichy et résistant

C'est une période trouble pour François Mitterrand. L'histoire n'a pas dit son dernier mot sur une francisque : une décoration décernée par le maréchal Pétain, qui reste controversée mais qui ne l'empêche pas de devenir un authentique résistant.

« La Résistance à cette époque, il faut avoir de la chance pour rencontrer des résistants. Il y en a tout de même (...) j'en ai rencontré à Vichy. (...) Ce n'était pas un lit de roses. Mais c'était une vie passionnante (...). J'ai commencé à me trouver mêlé à des organisations dès le mois de juin 1942. »
(France 2, septembre 1994)

À l'ombre du Maréchal

Sa conversion de pétainiste en résistant se fait de façon progressive. Au début de 1942, c'est un petit fonctionnaire, « un contractuel » qui s'installe à Vichy et travaille à la direction de la Légion des combattants et des volontaires de la révolution nationale. Il fabrique des faux papiers pour les prisonniers et met en place une filière d'évasion : il est maréchaliste, ce qui lui permet d'entrer dans la section de propagande au Commissariat au reclassement des prisonniers. Il y fait la connaissance de Jean Védrine, qui deviendra une ami inséparable et qui rentre d'un camp de Silésie à l'heure où Londres et la Résistance essayent de débaucher les cadres de Vichy. Ce qui sera le cas pour François Mitterrand qui ne sera plus en France quand le régime de Vichy lui accorde la Francisque n° 2 202, *« sans avoir rien fait pour »* écrira le colonel Passy, l'un des chefs de la Résistance.

À la recherche de de Gaulle

En 1943, le vent tourne : François Mitterrand, qui a déjà pris contact avec la Résistance, se rend clandestinement à Alger pour rencontrer le général de Gaulle. Mais celui-ci vient de s'envoler pour Londres, que François Mitterrand rallie à son tour. Plus tard, un entretien à Alger avec de Gaulle est houleux et reste infructueux. Il marque le début de la méfiance entre les deux hommes. De Gaulle souhaite rassembler sous sa houlette tous les mouvements de résistance, et notamment ceux des prisonniers de guerre, au détriment des leaders de la résistance intérieure.

« Vichy était une pétaudière. Il ne faut pas imaginer un régime nazi. Ce n'était pas ce qu'on décrit aujourd'hui. »
(*Une jeunesse française*, Pierre Péan)

Morland le moustachu

De retour en France en février 1944, François Mitterrand, qui débarque près de Roscoff, deviendra le capitaine Morland. Recherché par la Gestapo (police secrète de l'État nazi), il rentre dans la clandestinité. C'est alors qu'il tombe amoureux de Danièle Gouze, fille d'instituteurs laïcs qu'il épousera quelques mois plus tard, après avoir trouvé refuge dans la maison de ses parents à Cluny (Saône-et-Loire).

François Mitterrand va jouer un rôle essentiel dans la mobilisation du mouvement des prisonniers de guerre. Après avoir participé à la libération de la France, il est à Paris à l'Hôtel de Ville, quand de Gaulle y apparaît en août 1944. Il va devenir secrétaire général aux prisonniers de guerre.

Moment de détente pour François Mitterrand entré dans la clandestinité en 1944. Période pendant laquelle il va rencontrer une certaine Danièle Gouze...

Vichy et la Résistance montrent bien les deux faces de François Mitterrand. Celles d'un homme classé à droite et qui ne renie pas la culture nationaliste, mais qui sait remonter le chemin en sens inverse et se battre pour la république.

Le ministre chéri de la IVe République (1946-1958)

En dix ans, François Mitterrand sera onze fois ministre et une figure incontournable du monde politique. Dans l'ombre et la lumière, il façonne son personnage.

François Mitterrand se cherche

Nommé par le général de Gaulle secrétaire général aux prisonniers de guerre en 1944, il n'appartient cependant pas aux premiers gouvernements de la France libérée. Il cherche alors sa voie dans le Paris de l'après-guerre. Il fréquente le Palais de justice où il devient avocat, mais il plaide peu. Il se laisse tenter par le journalisme ; il devient pendant quelques mois le directeur du magazine *Votre Beauté*, appartenant à un homme

19 juin 1954 : présentation du gouvernement de Mendès France, dont fait partie François Mitterrand.

RACINES LE MINISTRE LE SOCIALISTE LE PRÉSID

d'extrême droite proche de la Cagoule (mouvement antisémite d'avant-guerre) auprès de qui il a été introduit par son ami André Bettencourt. Mais en réalité, c'est la politique qui intéresse François Mitterrand et avant tout l'exercice du pouvoir.

L'implantation dans la Nièvre

C'est ainsi que François Mitterrand est, en 1946, l'un des fondateurs de l'UDSR (Union démocratique et socialiste de la Résistance). Pendant des années, l'UDSR sera un petit parti charnière entre le MRP (Mouvement républicain populaire), la SFIO (Section française de l'Internationale ouvrière) et le Parti communiste, et permettra de peser dans la constitution des majorités au Parlement.

Mais surtout, François Mitterrand s'implante dans un fief politique : la Nièvre. C'est le bon docteur Henri Queuille, ancien président du Conseil, qui l'envoie avec pour seul conseil : « *Allez-y, écoutez tout le monde mais n'en faites qu'à votre tête.* » C'est chose faite en novembre 1946. La mairie de Château-Chinon suivra : une fidélité réciproque qui durera jusqu'en 1981.

Le ministre

Commence alors à partir de 1947, une formidable carrière ministérielle qui va durer dix ans. On verra François Mitterrand dans des gouvernements aussi divers que ceux de Paul Ramadier, Robert Schumann, Henri Queuille, René Pleven, Joseph Laniel, Pierre Mendès France et Guy Mollet. Mais François Mitterrand ne sera jamais président du Conseil, c'est-à-dire Premier ministre, et il le regrettera.

La diversité de cette carrière a fait dire aux détracteurs de l'ancien président de la République qu'il était un simple carriériste, voire un arriviste. Mais c'est oublier que François Mitterrand a été le seul politique à démissionner en 1953 du gouvernement Laniel, pour protester contre la politique répressive en Afrique du Nord (guerres d'indépendance au Maroc et en Tunisie).

« *À Château-Chinon je m'efforce de préserver, quand elles valent qu'on s'en occupe, les traces du passé (…). C'est l'ardoise qui règne maintenant, dont l'évidence saute aux yeux. Question d'accord et de décor, bref d'harmonie, avec le grain des choses alentour.* » (L'Abeille et l'Architecte)

« *La politique n'est pas au sens habituel une profession. Elle est combat, elle est engagement de l'être. Les circonstances ont voulu qu'elle envahisse ma vie.* » (Le Point, mai 1981)

L'époque de la IVᵉ République est une époque bénie pour François Mitterrand, qui fait ses armes et son apprentissage de l'exercice du pouvoir.

Les rendez-vous manqués avec de Gaulle

François Mitterrand restera 23 ans, de 1958 à 1981, dans l'opposition. Une longévité et une ténacité qui font de lui le premier des opposants à Charles de Gaulle.

L'opposant

Entre les deux hommes, le rendez-vous est manqué dès 1943 (*voir* pp. 8-9). Les choses ne s'arrangent pas à la Libération. Mais la grande déchirure se produit en 1958, quand le général de Gaulle revient au pouvoir porté par les partisans de l'Algérie française. Un entretien à l'hôtel Lapérouse, le 13 mai 1958, n'arrange rien. Et dans son explication de vote à l'Assemblée nationale, François Mitterrand se fait procureur. Ce qu'il reproche essentiellement au général de Gaulle, c'est la manière dont il est revenu au pouvoir et c'est alors qu'il déclare : « *En droit, le général de Gaulle tiendra son pouvoir de la représentation nationale ; en fait, il le tient déjà du coup de force.* »

Décembre 1965 : François Mitterrand apparaît sur le petit écran et s'adresse aux Français lors de la campagne présidentielle.

L'affaire de l'Observatoire

En 1958, c'est la guerre en Algérie. Un an plus tard, « l'affaire algérienne » reste toujours une plaie béante pour la France. Mais imperceptiblement on sent que s'achemine une solution libérale. C'est alors qu'arrive à François Mitterrand, député d'opposition, une aventure qui a failli le bousculer hors de la vie politique. Le 15 octobre 1958, peu après minuit, alors qu'il rentre chez lui dans un appartement proche du jardin du Luxembourg, il s'aperçoit qu'il a été suivi. Il abandonne sa voiture et se cache dans les jardins de l'Observatoire. La voiture de l'ancien ministre est criblée de balles. On pense que c'est une tentative d'attentat montée par les ultras de l'Algérie française. Mais quelques jours plus tard Robert Pesquet, un ancien responsable du RPF (Rassemblement du peuple français) et ex-député poujadiste, accuse François Mitterrand d'avoir « *monté le coup* ». François Mitterrand sortira de cette affaire innocenté mais meurtri : son immunité parlementaire a été levée à la demande du Premier ministre Michel Debré.

Le challenger

L'élection présidentielle de 1965 doit être pour le général de Gaulle une simple promenade de santé, si bien qu'il ne songe même pas à faire campagne, persuadé de pouvoir balayer les ambitions du centriste Jean Lecanuet. Or, à la surprise générale, c'est François Mitterrand qui met le général de Gaulle en ballottage au premier tour. Celui-ci s'est présenté parce que Pierre Mendès France l'a assuré qu'il ne serait pas candidat. Et après avoir gagné le soutien des communistes et des radicaux, il devient le candidat unique de la gauche et contraint le général de Gaulle à monter au créneau entre les deux tours. Ce résultat lui ouvre le chemin pour tenter de mettre un terme au régime gaulliste : c'est l'abandon de l'alliance entre la SFIO (Section française de l'Internationale ouvrière) et les centristes ainsi que la mise en place progressive d'un pacte électoral avec les communistes. Il lui faudra pour cela sept ans.

« J'appelle le régime gaulliste dictature parce que tout compte fait, c'est à cela qu'il ressemble le plus, parce que c'est vers un nouveau renforcement continu du pouvoir personnel qu'inéluctablement il tend, parce qu'il ne dépend plus de lui de changer de cap. » (Le Coup d'État permanent)

C'est sur fond de guerre d'Algérie que se développe l'antagonisme de Gaulle-Mitterrand. Ils s'opposent sur les institutions et sur la décolonisation.

Le vent de mai 1968

Le gaullisme est mis à mal par les événements de mai 1968 que personne n'a su prévoir. Quant à François Mitterrand, il n'arrive pas à tirer parti de cette situation. Bien au contraire ! C'est Michel Rocard et Gaston Defferre qui se portent candidats à l'élection présidentielle de 1969.

« Il y a beaucoup de manifestations (...) dans ce mois de mai, cet éternel mois de mai qui d'année en année expose tous les pouvoirs qui se succèdent à connaître l'agitation dans la rue. Comme si la distance du printemps invitait à sortir de chez soi, à dire très haut, très fort ce que l'on pense de la marche des affaires politiques. » (Antenne 2, juin 1983)

Un calme trompeur

L'éditorialiste du *Monde*, Pierre Viansson-Ponté, écrit en avril 1968 : « *La France s'ennuie.* » Et le général de Gaulle, président de la République, envisage pour cette année 1968 une année de calme et de croissance.

La jeunesse dans le monde pourtant s'agite : à Prague, c'est le printemps qui naît, dans les campus américains, on manifeste déjà contre la guerre au Viêt-nam, et à Nanterre, les profs sont chahutés.

Cette contestation gagne petit à petit Paris où la dictature de l'élite est mise en cause. Georges Pompidou, Premier ministre, ne se décide pas à réagir tout de suite quand soudain le 13 mai, une grande manifestation rassemblant 30 000 personnes scande à Denfert-Rochereau : « *Dix ans ça suffit.* » C'est le feu de paille qui allume la mèche. La grève fait tache d'huile et les usines ferment les unes après les autres.

Des barricades s'élèvent à Paris, des slogans fusent : « *Sous les pavés la plage* ». Et la France commence à connaître Michel Rocard et la frimousse d'un petit rouquin qui fera son chemin : Daniel Cohn-Bendit.

« *Il n'y a pas de révolution qui soit simplement le fruit d'une protestation. C'est toujours la combinaison d'une protestation fondée et de l'incapacité d'un pouvoir.* » (Discours de Roanne, juin 1989)

Les hommes politiques paralysés

Ni la droite ni la gauche n'ont vu venir ce mouvement de contestation extra parlementaire, débordant les syndicats et les corps constitués. Les communistes détestent « *la chienlit* » et les gauchistes, autant que le général de Gaulle. Et c'est là que François Mitterrand fait un faux pas. Au cours d'une conférence de presse, il dénonce le pouvoir en place qui est à prendre et se dit prêt à assumer la relève. Une déclaration qui fera couler beaucoup d'encre.

Pour beaucoup, François Mitterrand, en se précipitant pour entrer dans la brèche d'un gaullisme vacillant, a effrayé. Des années plus tard, l'ancien président de la République, analysant cette époque, estimera au contraire que son erreur est de n'avoir pas réagi plus tôt.

Michel Rocard entre en scène

Trop décrédibilisé pour se présenter à l'élection présidentielle de 1969, François Mitterrand laisse la place à Gaston Defferre, maire de Marseille et membre éminent de la SFIO (Section française de l'Internationale ouvrière).

Mais la surprise sur les petits écrans, c'est l'image du leader du PSU (Parti socialiste unifié), Michel Rocard. Dès lors, les relations Mitterrand-Rocard, déjà conflictuelles, ne vont plus jamais s'arranger (*voir* pp. 22-23).

Les événements de mai 1968 retardent la stratégie de l'union de la gauche que François Mitterrand veut mettre en place depuis 1965. Il apparaît comme un politicien usé.

Mitterrand – Mendès France : des vies parallèles

François Mitterrand et Pierre Mendès France représentent deux démarches politiques distinctes. Ils incarnent deux tendances de la gauche non communiste.

Mars 1958 :
François
Mitterrand, Pierre
Mendès France et
Philippe Dechartre.

Le stratège et le prophète

Chez ces deux leaders emblématiques de la gauche, on devine deux histoires diamétralement différentes. Car si François Mitterrand apparaît comme le stratège, Pierre Mendès France reste longtemps le prophète.

Le premier vient à la politique par les cabinets ministériels de la IVe République, avec tout ce que cela sous-entend de *combinazione*.

Mars 1958 : François Mitterrand, Pierre Mendès France et Philippe Dechartre.

RACINES | LE MINISTRE | LE SOCIALISTE | LE PRÉSIDE

Le second aborde la politique par l'économie, un sujet que François Mitterrand a digéré sur le tard, et en donnant toujours la primauté à la politique. Le premier, après avoir dénoncé « *le coup d'État permanent* » du général de Gaulle qu'il a mis en ballotage en 1965, s'est glissé dans les institutions de la Ve République comme dans des habits sur mesure. Pierre Mendès France, au nom des grands principes démocratiques, ne les a jamais acceptées, ne craignant pas de jouer les Cassandre.

Deux septennats contre sept mois

François Mitterrand entre dans l'histoire auréolé par son habileté et par la longévité de ses septennats. Et il fait surtout mentir la légende d'une gauche inapte à la gestion. Pierre Mendès France se distingue par un exercice très éphémère (sept mois) du pouvoir, fondé sur un pari de mettre un terme à la guerre d'Indochine. Pari gagné sans le concours des voix des communistes au Parlement, auxquels il n'a jamais rien voulu devoir. En revanche, le président Mitterrand a su, dans sa stratégie de prise du pouvoir, s'allier avec le PC qu'il a fini par neutraliser.

Un jour de mai 1981

Enfin, la morale apparaît du côté de Pierre Mendès France : Jacques Delors et Michel Rocard revendiquent son héritage comme beaucoup de déçus du mitterrandisme. Mais si les rapports entre les deux hommes n'ont jamais été ni simples ni chaleureux, comment oublier ce jour de mai 1981, où après avoir pris ses fonctions à l'Élysée, François Mitterrand donne l'accolade à Pierre Mendès France, les joues baignées de larmes et lui dit : « *Sans vous rien n'aurait été possible* » ? Il n'empêche : Pierre Mendès France a été blessé de n'avoir pas été plus tard davantage consulté ni considéré. Preuve que certaines occasions perdues ne se rattrapent jamais.

« *Mendès France a toujours été d'un très grand courage intellectuel, parfois un peu provocateur, avec une vigueur de caractère qui lui a fait une réputation de mauvais caractère (...). La France a méconnu en lui un personnage d'exceptionnelle dimension.* »
(*Le Quotidien de Paris*, octobre 1977)

« *Je cherche à définir ce que fut Pierre Mendès France et je n'ai pas trouvé d'autre définition que celle-ci : Pierre Mendès France, l'éveilleur des consciences.* »
(Hommage à Pierre Mendès France, Palais-Bourbon, 27 octobre 1982)

Deux hommes opposés, parfois concurrents, mais jamais ennemis. Ainsi apparaissent à travers les ans les relations tumultueuses entre François Mitterrand et Pierre Mendès France.

LE DÉCLIN | L'HÉRITAGE | L'HOMME | APPROFONDIR

Un jour à Épinay

1971 marque un tournant avec l'installation de François Mitterrand à la tête du parti socialiste. Un an plus tard, ce sera la signature du programme commun de la gauche. Et en 1974, une occasion manquée, à l'élection présidentielle, de porter la gauche au pouvoir.

« *Le parti socialiste n'innove pas en faisant de l'union de la gauche l'axe de sa stratégie : cette stratégie est devenue réalité avec l'élection présidentielle de 1965. Elle s'est développée lors des élections législatives de 1967 et 1968.* »
(Conférence de presse, juillet 1971)

Comment on devient un chef

Certains psychanalystes pourraient dire que François Mitterrand a attendu la mort du général de Gaulle en 1970 pour prendre son envol. Vrai ou faux ? Les historiens jugeront. En tout cas, il est devenu depuis 1965 le leader virtuel de la gauche. Et sa victoire d'Épinay en juin 1971, où il prend la tête du parti socialiste, atteste une incontestable légitimation de son *leadership* sur la gauche.

La stratégie de François Mitterrand a toujours été celle du rassemblement. D'abord des forces socialistes puis de celles de la gauche. La bataille d'Épinay entre rénovateurs et conservateurs est gagnée par la coalition des forces de droite et de gauche du PS de l'époque. À droite et au centre, c'est le soutien de Gaston Defferre et de Pierre Mauroy qui est déterminant car ils représentent les Bouches-du-Rhône et le Nord-Pas-de-Calais, c'est-à-dire les deux plus grosses fédérations du PS en terme de mandats. L'aile gauche du PS étant incarnée à l'époque par le Ceres (Centre d'études et de recherches et d'éducation socialiste) de Jean-Pierre Chevènement. François Mitterrand et les siens, c'est-à-dire ceux de la Convention des institutions républicaines avec des hommes comme Pierre Joxe, Louis Mermaz ou Claude Estier, constituent une petite formation politique mais très homogène et très soudée autour de son leader. Celui-ci l'emporte contre Guy Mollet et Alain Savary et adopte déjà un langage « *à gauche toute* » : « *Notre base, c'est le front de classe (…) Le véritable ennemi c'est le monopole de l'argent* » dit-il au congrès de l'unité des socialistes.

Congrès d'Épinay en juin 1971 : François Mitterrand s'impose comme le chef incontesté du parti socialiste.

« *Comment j'explique Épinay ? Comme la volonté du parti socialiste de vivre. Et pour vivre il faut retrouver de grands thèmes, leur être fidèle, agir avec constance et célérité, parler le langage de son temps. Ce besoin de vivre et d'agir était ressenti en profondeur par les socialistes.* »
(*Le Nouvel Observateur*, août 1971)

Sortir les communistes du ghetto

François Mitterrand a acquis la conviction que rien ne peut se faire à gauche sans les communistes. Mais aussi que l'intégration du PC dans la vie démocratique française aboutira à terme à son érosion. Pari risqué mais pari gagné haut la main. Un an après Épinay, socialistes et communistes signent « le programme commun de gouvernement ». Et devant les cris d'indignation de la majorité de droite et de certains socialistes restés fortement atlantistes (proches de l'alliance Atlantique dominée par les États-Unis), voilà François Mitterrand qui part tranquillement à Vienne expliquer à ses pairs de l'Internationale socialiste comment il compte réduire le PC !

Georges Pompidou meurt trop tôt

C'est en dînant seul à la brasserie Lipp du boulevard Saint-Germain que François Mitterrand apprend la mort de Georges Pompidou en avril 1974. La fin tragique du mandat du président Pompidou ne facilite pas sa tâche car en réalité il n'est pas prêt. Mais il mène une campagne acharnée contre Valéry Giscard d'Estaing qui l'emporte avec 400 000 voix d'écart. Et à ceux qui se désespèrent à gauche, il ne laisse pas le temps de souffler : déjà, il les mobilise pour d'autres combats.

Après la conquête du parti socialiste, François Mitterrand réalise l'alliance avec le parti communiste. L'élection présidentielle de 1974 est un échec mais aussi un tremplin.

La marche vers le pouvoir

Un septennat c'est long. François Mitterrand consacre son temps à développer et renforcer la gauche, tandis que Valéry Giscard d'Estaing se trouve à l'Elysée.

Les Assises pour le socialisme

La défaite du mois de mai 1974 mobilise le PS. Pierre Mauroy, le numéro 2 du PS, plaide avec enthousiasme et acharnement pour l'organisation des Assises pour le socialisme. Celles-ci doivent permettre d'intégrer de nouvelles forces, notamment celles du PSU (Parti socialiste unifié), très gauchiste, et de la « deuxième gauche » (allant de la CFDT, Confédération française démocratique du travail, aux chrétiens de gauche).

François Mitterrand est réticent. Non pas sur la notion de rassemblement. Il veut bien accueillir de nouveaux venus mais il les accepte à ses conditions, individuellement. Et surtout, il ne veut pas se lier les mains avec les forces politiques de la « deuxième gauche » ou de la gauche chrétienne, qui se sont toujours mises sur son chemin. Or Michel Rocard ronge son frein, lui qui a participé à la campagne de 1974 en allant, notamment avec Jacques Attali, en RFA convaincre les Allemands de la fiabilité du franc en cas de victoire de la gauche. Inspecteur des Finances, il est l'un des rares à gauche à avoir une crédibilité économique. On l'a vu en 1968 sur les barricades essayant de canaliser le mouvement. Enfin, il a acquis une certaine notoriété en se pré-

RACINES | LE MINISTRE | LE SOCIALISTE | LE PRÉSIDENT

sentant à l'élection présidentielle de 1969. Mais il est aussi celui qui au colloque de Grenoble de 1965, qui regroupe tout ce que la gauche compte de vedettes et de consciences, s'oppose avec d'autres à la venue de François Mitterrand jugé trop opportuniste, voire affairiste. C'est dire que les relations entre les deux hommes ne seront jamais au beau fixe. L'adhésion de Michel Rocard au PS se fait sur une base fragile : il ne vient qu'avec une poignée de militants du PSU et se contente d'un second rôle.

> « *Évitons le sentiment qu'il est impossible de substituer une politique à une autre : la loi de l'alternance est la loi de la démocratie.* » (Assemblée nationale, janvier 1975)

1977 et 1978 : des victoires en guise d'étapes

La gauche emporte de nombreuses mairies en 1977 : une nouvelle génération d'élus locaux se met en place et va apprendre la gestion. En 1978, les législatives s'annoncent sous les meilleurs auspices pour la gauche. Mais la majorité politique ne change pas de camp à l'Assemblée nationale, même si certains considèrent déjà François Mitterrand comme le Premier ministre de la cohabitation de Valéry Giscard d'Estaing !

Une victoire politique qui se fait attendre, ce n'est jamais bon dans la vie d'un parti. François Mitterrand est montré du doigt comme un leader vieillissant et hors du coup. Et Michel Rocard profite du rendez-vous manqué des législatives pour mettre en scène son « parler vrai » et se mettre sur les rangs pour la présidentielle de 1981. Un bon prétexte pour François Mitterrand pour prendre le large : il assouvit son goût des voyages, sillonne le monde de l'Amérique latine à la Chine et il attend. Pas longtemps : à l'automne 1980, Michel Rocard lance son appel de Conflans-Sainte-Honorine – « *Je suis candidat à la présidence de la République* » –, espérant ainsi contraindre François Mitterrand à l'abandon. Peine perdue : c'est lui qui lâche.

> D'une présidentielle à l'autre, le PS se renforce mais ne gagne pas. Il apprend que l'union est un combat et pressent que François Mitterrand n'a pas dit son dernier mot.

Mitterrand–Rocard : l'entente impossible

Deux hommes de gauche, deux cultures, deux démarches politiques et deux ambitions qui se heurtent. Mitterrand et Rocard, c'est l'incompréhension à tous les niveaux.

« J'aime les talents de Michel Rocard et notamment son talent d'exposition, j'apprécie ses connaissances, je respecte ses convictions. (...) Je comprends qu'il sente le besoin d'accéder à des responsabilités plus hautes. Et si j'émets des réserves sur un goût immodéré de l'organisation parallèle, (...) cela ne va pas au-delà du simple rappel aux règles d'un grand parti qui ne peut se permettre toutes les fantaisies. »
(Convention du PS, novembre 1978)

Désamour historique

À l'origine, il y a le fameux colloque de Grenoble de 1965 (*voir* pp. 20-21). À l'époque, Pierre Mendès France, député de la ville et porte-drapeau d'une gauche morale qui continue à se débattre dans les guerres coloniales, commence à s'organiser pour l'élection présidentielle. François Mitterrand, qui a déjà annoncé son intention de se présenter, n'est pas convié à Grenoble. Pire : son émissaire, le journaliste Marc Paillet, se fait chahuter. Or, c'est au cours de ce même colloque que se révèle un jeune inspecteur des Finances qui, sous le pseudonyme de Georges Servet, n'est autre que Michel Rocard. Il va devenir le leader de la « deuxième gauche » et représente la relève. Mais c'est François Mitterrand qui met le général de Gaulle en ballotage... (*voir* pp. 12-13).

Mai 1991 : Michel Rocard, Premier ministre sortant, accueille à l'hôtel Matignon Édith Cresson, première femme française nommée Premier ministre.

Désaccord sur fond de barricades

Mai 1968 va encore creuser les divergences entre les deux hommes. Michel Rocard, à la tête du PSU (Parti socialiste unifié), domine les barricades. François Mitterrand rase les murs du Palais-Bourbon et commence à réfléchir sur les moyens de s'imposer au parti socialiste et sur la stratégie de l'union de la gauche avec les communistes : affaires conclues en 1971 et 1972. 1974 permet une courte embellie, car il ne perd la présidentielle que de 400 000 voix, c'est donc une belle défaite. Puis on assiste de la part de Michel Rocard à la prise de distance de 1978, à la rébellion de 1980 et à la bouderie d'après 1981.

Le pouvoir ne fait pas le bonheur

Nommé au Plan en 1981 par Pierre Mauroy, Michel Rocard est déçu. Il sera plus heureux à l'Agriculture où il négocie avec succès l'accord entre l'État et l'enseignement privé agricole. Jusqu'au jour où il décide de retirer ses billes et de jouer une nouvelle fois sa partition en solo. Il trouve un prétexte en or : la proportionnelle que François Mitterrand veut instaurer pour sauver la gauche de la défaite aux législatives de 1986. Michel Rocard est contre car il estime que la proportionnelle est « porteuse » pour l'extrême droite. Belle orchestration, donc : il démissionne en pleine nuit le 4 avril 1985 et se met en piste pour la présidentielle de 1988. Mais comme toujours François Mitterrand le surprend : celui-ci se représentera, sera réélu et le nommera Premier ministre. Commence alors un jeu de scène inouï : François Mitterrand joue l'amour vache, Michel Rocard mime le parfait amour. Mais personne ne s'y trompe : il sera « viré » au profit d'Édith Cresson et ne mâchera pas ses mots pour dire toute sa répugnance lors de la révélation des relations Mitterrand-Bousquet (*voir* pp. 42-43).

« *Pour être président, il faut beaucoup d'expérience et beaucoup d'intelligence. Mais même si l'on a tout ça, je ne crois pas que ce soit suffisant. Il faut que ce soit relié. Il faut du plexus. Rocard, il a tout. Mais il n'a pas de plexus. C'est pourquoi il se défait sur l'obstacle.* »
(*Le Président*, Franz-Olivier Giesbert)

Plus que des occasions perdues, c'est une incompréhension mutuelle qui s'installe entre les deux hommes. Certains diront que c'est la guerre des deux roses ou l'affrontement de deux cultures.

L'apothéose de 1981 (1)

Après un quart de siècle d'opposition, la gauche arrive au pouvoir. L'installation à l'Élysée : tout un symbole ! La composition du gouvernement : le fruit d'une stratégie méditée.

Quand Château-Chinon devient la capitale de la France

Le 10 mai 1981 est un dimanche pluvieux. Depuis quelques jours déjà, les sondages montrent un renversement de tendance net en faveur de François Mitterrand. Mais beaucoup n'y croient pas encore : après 24 ans d'opposition, comment imaginer l'arrivée de la gauche au pouvoir, plombée de surcroît par son alliance avec les communistes ? Et même ceux qui y croient pensent à un feu de paille vite balayé par son incapacité à la gestion.

Le jour de l'élection, comme à chaque fois qu'il se rend à Château-Chinon, François Mitterrand fait le tour de la ville, va voter à la mairie, déjeune avec des amis et monte dans sa chambre n° 15 de l'hôtel du Vieux-Morvan pour regarder un match de foot à la télévision et faire une petite sieste. À 18 h 20, les premières fourchettes tombent et donnent « Mitterrand président ». Un voile d'émotion passe sur ses yeux alors que pour tromper l'attente, il disserte sur la pluviosité dans le Morvan avec quelques journalistes.

« *Quelle histoire* », dira-t-il quelques

« Je vous serais reconnaissant de bien vouloir informer le Comité directeur, pour qu'il en prenne acte, qu'en réponse aux fédérations qui m'ont demandé d'être le candidat socialiste à la présidence de la République, je soumets cette candidature au vote des membres du parti. » (Lettre au Comité directeur du PS, novembre 1980)

LE MATIN
DE PARIS
2.60 F
N° 1308 LUNDI 11 MAI 1981

MITTERRAND PRÉSIDENT

Une victoire indiscutable : 52,24 % des suffrages.

| RACINES | LE MINISTRE | LE SOCIALISTE | LE PRÉSIDEN |

« *La victoire est d'abord celle des forces de la jeunesse, des forces du travail, des forces de la création, des forces du renouveau qui se sont rassemblées dans un grand élan national pour l'emploi, la paix, la liberté, thèmes qui furent ceux de ma campagne électorale et qui demeureront ceux de mon septennat. (...) Au-delà des luttes politiques et des contradictions, c'est à l'histoire qu'il appartient maintenant de juger chacun de nos actes.* » (Château-Chinon, 10 mai 1981)

moments plus tard tandis qu'il se retire à la mairie pour écrire sa première déclaration de président. La machine de l'État se met en marche : désormais, la sécurité du président est prise en charge par les pouvoirs publics.

Paris au rythme de la victoire

Pour canaliser les débordements et répondre à l'attente du « peuple de gauche », le PS organise une grande fête à la Bastille. Joyeuse, enthousiaste, chaleureuse, elle témoigne de l'immensité des espoirs. Pendant ce temps, les ministères se vident, le franc est attaqué et les résistances se mettent déjà en place. C'est de son domicile de la rue de Bièvre, devenu une forteresse assiégée, que dès le lendemain matin, François Mitterrand commence les consultations pour la formation de son premier gouvernement. S'il est certain de pouvoir compter sur la solidité de Pierre Mauroy à Matignon, il ne dispose pas en revanche d'hommes qui aient déjà fait l'expérience du pouvoir, excepté Gaston Defferre et Maurice Faure. Il fait alors appel à de nombreux maires, qui ont appris la gestion dans leur municipalité et comme il l'a promis, à des représentants du PC après les législatives de juin 1981.

C'est dans son fief de Château-Chinon que le nouveau président apprend dans l'émotion son élection. Dans Paris sous la pluie, la liesse populaire enfin éclate.

L'apothéose de 1981 (2)

L'installation à l'Élysée est crispée. La remontée des Champs-Élysées est préoccupante. La cérémonie du Panthéon est grandiose.

Mai 1981 : cérémonies de passation des pouvoirs et installation à l'Élysée du nouveau président de la République, François Mitterrand, accueilli sur le perron du Palais par le président sortant, Valéry Giscard d'Estaing.

D'un président à l'autre

C'est le 21 mai 1981 qu'a lieu la passation des pouvoirs à l'Élysée. François Mitterrand est reçu par Valéry Giscard d'Estaing qui, deux jours plus tôt, a fait ses adieux aux Français par la télévision par un « *au revoir* » pathétique, laissant derrière lui une chaise vide. L'entretien dure trois quarts d'heure : c'est la transmission du code nucléaire et un constat plein de nostalgie de la part du président sortant : « *Ici on est un peu prisonnier* », dit-il. Il sort de l'Élysée à pied sous les huées de la foule. Moment pénible qui sera regretté plus tard.

Le franc à la fête

Déjà pendant la cérémonie de la passation des pouvoirs, Michel Rocard et Pierre Mauroy discutent des attaques contre le franc et de la fuite des capitaux à l'étranger. Alors que François Mitterrand est dans la voiture qui remonte les Champs-Élysées en compagnie du nouveau Premier ministre Pierre Mauroy et après avoir prêté serment, les préoccupations économiques et monétaires s'infiltrent dans la liesse du moment. Mais l'heure est à la fête et la journée n'est pas finie.

Dans son nouveau bureau, François Mitterrand s'entretient avec son Premier ministre, Pierre Mauroy, avant de prononcer la dissolution de l'Assemblée nationale.

La symbolique du Panthéon

Cette cérémonie du 21 mai 1981 a été voulue par François Mitterrand ordonnancée par Jack Lang et immortalisée par le cinéaste Serge Moati. Une petite pluie fine tombe sur Paris tandis qu'écrivains et artistes proches de François Mitterrand se rassemblent. Placido Domingo est à l'heure pour chanter une formidable *Marseillaise*. Quand la voiture du nouveau président sur laquelle se jette la foule arrive au Panthéon, c'est une marée humaine qui se déchaîne. Le nouveau président va déposer une rose, chaque fois renouvelée, sur les tombes de Jean Jaurès, Jean Moulin et Victor Schœlcher, symboles respectifs du socialisme, de la Résistance et de l'abolition de l'esclavage.

Lorsque François Mitterrand rejoint l'Élysée en compagnie de Roland Dumas, il y trouve André Rousselet, son directeur de cabinet. Mais le palais est vide et personne ne sait faire fonctionner les boutons.

François Mitterrand choisit de reprendre le bureau du général de Gaulle. Mais la distribution des bureaux donne lieu à des scènes homériques.

> Installation au pouvoir dans la liesse. Installation dans les lieux de pouvoir dans un joyeux désordre. Chacun cherche la proximité avec le nouveau président. Les difficultés commencent.

Réformes et rigueur

L'élan est donné mais la conjoncture internationale n'est pas favorable à la gauche. Pierre Mauroy s'use. Laurent Fabius émerge du lot dès 1983.

« J'ai déjà eu l'occasion de dire que le mot "réformisme" avait une résonance dans la politique française, plutôt péjorative pour des raisons historiques. (...) Mais débarrassons-nous des sortilèges qui s'attachent au vocabulaire : faire des réformes, oui je compte bien en faire. »
(*Paris Match*, avril 1981)

La peine de mort : un défi

Lorsque François Mitterrand annonce à la télévision, quelques jours avant son élection, que conformément à ses engagements, il va demander au gouvernement d'abolir la peine de mort, certains voient dans cette déclaration une formidable mal-adresse. Dans une France majoritairement à droite, cette annonce fait même carrément l'effet d'une provocation. Et pourtant c'est le garde des Sceaux, Robert Badinter qui du haut de la tribune de l'Assemblée nationale, obtiendra, à l'automne 1981, cette réforme capitale : la grande criminalité n'a pas augmenté pour autant.

Robert Badinter, garde des Sceaux de 1981 à 1986.

RACINES | LE MINISTRE | LE SOCIALISTE | LE PRÉSID.

Les lois sociales

Les 39 heures, les lois Auroux, la retraite à 60 ans, le relèvement du Smic, la 5e semaine de congés payés interviennent dans la foulée de la victoire. Tout comme le vote de l'impôt sur les grandes fortunes, les nationalisations et surtout la décentralisation chère à Gaston Defferre.

La gauche fait voter ces lois à l'Assemblée nationale sans mal : une vague rose de nouveaux députés ayant fait leur entrée au Parlement après la dissolution de l'Assemblée nationale.

Mais la conjoncture internationale ne lui est pas favorable. Un nouvel ordre économique mondial ?

Les Américains n'en veulent pas. Un nouvel espace social européen calqué sur celui de la France ?

Les partenaires européens et en particulier les Britanniques n'y sont pas favorables. Le gouvernement de la gauche procède alors à trois dévaluations, et hésite à sortir du SME (système monétaire européen).

Elle y renonce et perd les municipales de 1983 alors que Jacques Chirac rafle la totalité des arrondissements de Paris.

La gauche frôle la débâcle d'autant plus que le ministre de l'Éducation nationale, Alain Savary, s'attaque à l'école privée en 1984.

« On n'a pas inventé la rigueur en 1983, après les élections municipales. (...) La rigueur en 1982, c'était déjà sérieux. (...) Je crois au courage et je crois à l'effort. (...) Cela dit, nous n'allons pas bâtir une théorie sur la nécessité de la rigueur économique lorsque cela n'est pas nécessaire. »
(Europe 1, juin 1983)

François Mitterrand globe-trotter

Représenter la crédibilité de la France à l'étranger, devenir le porte-parole d'un tiers monde en panne de développement, François Mitterrand prend son bâton de pèlerin.

Son discours de Cancún, tenu au Mexique en 1981, entrera dans les annales : *« Salut à ceux et à celles qu'on bâillonne, qu'on persécute ou qu'on torture, qui veulent vivre et vivre libres (...) À vous tous la France dit : courage la liberté vaincra. »*

Au temps des réformes de Pierre Mauroy succède le temps de la gestion de Laurent Fabius. Mais l'échec des législatives de 1986 se profile à l'horizon.

Laurent Fabius, l'élu de cœur

Le nouveau Premier ministre, choisi par François Mitterrand pour succéder à Pierre Mauroy en juillet 1984, doit faire face à la crise soulevée par les partisans de l'école libre, gérer l'affaire du *Rainbow Warrior* et préparer les législatives de 1986.

« C'est un homme qui a les qualités qu'il faut pour être chef de gouvernement. (...) Il est secret (...), j'ai tendance à penser que c'est une qualité. »
(À Marguerite Duras, *L'Autre Journal*, mars 1986)

Un jeune homme qui lui ressemble comme un frère

« Le jeune Premier ministre » que François Mitterrand donne à la France n'a pas 40 ans quand il entre à Matignon. À son arrivée, les quatre ministres communistes des trois gouvernements Mauroy quittent le pouvoir. Laurent Fabius doit symboliser le renouveau. Il travaille avec François Mitterrand depuis 1972. C'est un normalien qui sait écrire : François Mitterrand apprécie. Il ne sera pas chargé de « changer la vie » mais de gérer le changement. Ce n'est pas une sinécure. L'affaire du *Rainbow Warrior* qui a causé la mort d'un homme en Nouvelle-Zélande est d'autant plus compliquée que le ministre de la Défense de l'époque, Charles Hernu, un vieux compagnon de route de François Mitterrand, se contredit dans ses

Septembre 1985 : Charles Hernu, ministre de la Défense, fait une déclaration sur l'affaire Greenpeace.

déclarations concernant la responsabilité des autorités françaises dans cet attentat. Le président, après de nombreuses hésitations, accepte la démission de Charles Hernu, « *une faiblesse* » qu'il regrettera toujours.

1986 et ses interrogations

Cinq ans après son arrivée aux affaires, la gauche n'est pas en forme mais elle a encore du ressort. Pour éviter un véritable échec aux législatives de 1986, François Mitterrand se déclare favorable à l'installation d'une dose de proportionnelle dans la loi électorale au risque de faire entrer Jean-Marie Le Pen et ses amis à l'Assemblée nationale. Rocard démissionne de son poste de ministre de l'Agriculture et voilà que Laurent Fabius et Lionel Jospin, le Premier secrétaire du PS, se disputent pour savoir qui aura la haute main sur la campagne : Matignon ou le PS ? L'arbitrage de François Mitterrand est demandé. Il ne perçoit pas l'ampleur de la crise qui est en train de s'installer au sein du parti majoritaire ; elle va s'amplifier jusqu'à contester la propre influence de Mitterrand au sein de ses fidèles.

« Incapable d'avancer d'un pas sans avoir rassemblé toutes les ressources de ma raison, (...) je n'abandonne au hasard que la part qui lui revient. » **(L'Abeille et l'Architecte)**

La solitude du président

« *Nous reviendrons* », dit Laurent Fabius en quittant Matignon au lendemain des législatives de 1986. Mais en attendant, les socialistes découvrent qu'au Conseil des ministres, François Mitterrand est seul contre tous. Il le restera pendant deux ans, en se battant pied à pied et en s'attachant à préserver les prérogatives de sa fonction.

> La popularité du président est encore forte même si les socialistes perdent les législatives de 1986. En revanche, pour le parti du président commence l'époque de tous les dangers.

La cohabitation, mode d'emploi

Cette première cohabitation entre un président socialiste et un Premier ministre RPR est une première dans l'histoire de la Ve République. Elle est rude mais montre la solidité des institutions.

Première cohabitation (1986-1988) : Mitterrand et Chirac.

Deux tempéraments face à deux politiques

François Mitterrand est un homme qui aime rêver, marcher, écrire, fréquenter les écrivains. Pour lui, le temps ne compte pas : il n'a jamais porté de montre et n'a jamais pris en charge l'intendance matérielle du quotidien. Jacques Chirac est un homme de tactique qui adore téléphoner, organiser, s'occuper des autres.

S'il aime la poésie, il s'en cache, et rares sont ceux qui l'ont entendu disserter sur l'art de l'Extrême-Orient dont il est un fin connaisseur.

Après tout ce que François Mitterrand a dit et écrit sur le général de Gaulle, l'héritier du gaullisme qui se trouve en face de lui ne peut que prendre le contre-pied de tout ce qui a été dit et fait par les socialistes.

On assiste donc à un bras de fer économique sur les privatisations et la suppression de l'impôt sur les grandes fortunes ; une guerre est ouverte sur les ordonnances ; on entend des chicanes sur la politique étrangère qui est du domaine réservé du chef de l'État et où le Premier ministre essaye de « marquer » le président. Et enfin, à propos des otages français du

Liban, Chirac fait monter la pression, puisque les premiers mois de la cohabitation commencent sur fond d'attentats terroristes en septembre 1986.

En fin de mandat, le Premier ministre, sur fond d'affaire Gordji, est soupçonné d'avoir attendu le début de la campagne de la présidentielle de 1988 pour obtenir la libération des otages du Liban.

Mitterrand encaisse quand il ne peut faire autrement, mais ne se laisse pas marcher sur les pieds. « *Je préfère*, dit-il, *renoncer à mes fonctions qu'aux prérogatives liées à mes fonctions.* »

> « *Je dirai simplement que Jacques Chirac a beaucoup de qualités et je souhaiterais que ces qualités fussent appliquées exactement au bon endroit et au bon moment.* »
> (Europe 1, 1986)

Les reproches faits à François Mitterrand

À ceux de ses amis qui à l'époque lui demandent pourquoi n'avoir pas, depuis 1981, réformé la constitution qu'il a si âprement combattue, il répond qu'il ne s'attaque jamais à des dossiers qu'il sait ne pas pouvoir conduire à terme, car il n'en a ni les moyens ni la majorité, notamment au Sénat.

À ceux de ses amis du parti socialiste qui lui reprochent de trop s'occuper encore de la rue de Solférino (siège du PS), il répond que c'est une chance pour eux qu'il soit là pour veiller au grain tant les luttes intestines deviennent paroxysmiques.

C'est d'ailleurs au cours de cette même période qu'en son for intérieur, il s'interroge sur un éventuel second mandat. Il ne veut pas laisser la France « à ces gens-là ».

Dans son esprit, cela vaut tant pour Jacques Chirac que pour Michel Rocard. Tout les deux rongent leur frein dans l'attente de 1988.

> « *Cohabiter cela veut dire que l'on cogère : eh bien, non, nous ne cogérons pas, c'est évident. Mais nous travaillons en commun, selon nos conceptions, en cherchant, pas toujours, mais au maximum, le point moyen qui permet de servir l'intérêt du pays.* »
> (Europe 1, décembre 1986)

> Une cohabitation conflictuelle sur fond d'attentats. Une campagne présidentielle à armes inégales entre le président sortant et son Premier ministre, qui paraît avoir brûlé toutes ses cartouches pour l'avenir.

Les raisons d'un second septennat

Il a manqué au deuxième septennat de François Mitterrand le souffle et les espérances du premier. Il est tout de même parvenu à avancer sur le terrain de la construction européenne en renforçant l'axe franco-allemand.

Relever le défi du général de Gaulle

François Mitterrand est le premier président de la Ve République à avoir accompli deux septennats. A-t-il beaucoup hésité avant de prendre la décision de se représenter, bien qu'il savait déjà ce que tout le monde sait aujourd'hui, qu'il avait un cancer à un stade avancé et que nul ne pouvait parier à l'époque sur son espérance de vie ? S'il se décide à franchir le pas, c'est d'abord parce que c'est un homme de pouvoir et qu'il aimerait bien démontrer qu'il peut battre le général de Gaulle sur son propre terrain. La deuxième raison, c'est que, avec la vision du monde qui est la sienne, il ne lui déplaît pas de conduire la France au seuil du XXIe siècle. La troisième, c'est qu'il trouve que les prétendants à son fauteuil, de gauche comme de droite, ne sont pas à la hauteur des enjeux et des défis de l'époque. Cela vaut tant pour Michel Rocard que pour Jacques Chirac. Enfin, il veut mener à bien deux projets : l'ouverture sur l'échiquier politique et la construction européenne. Le premier sera mort-né. Le second gagné sur le fil avec la ratification du traité de Maastricht en septembre 1992.

La main tendue au centre

Compenser par le centre ce qui a été perdu sur la gauche, telle est la mission confiée en 1988 à Michel Rocard, alors Premier ministre. Il est le mieux placé dans les sondages pour tenter cet exercice d'équilibriste, tandis que la loi électorale plombe tous les centristes d'ouverture dans les rangs de la droite. Mais ce

RACINES | LE MINISTRE | LE SOCIALISTE | LE PRÉSIDE

tournant, François Mitterrand, contrairement à ses habitudes, n'a pris ni le temps pour l'expliquer ni les moyens de le faire passer auprès de l'opinion. À l'inverse, il déclare que pour les élections législatives de 1988, les socialistes doivent gagner mais... pas trop. De quoi casser l'élan d'une mobilisation déjà difficile et faire naître une incompréhension qui ne cessera de s'approfondir.

L'axe franco-allemand

François Mitterrand et le chancelier Helmut Kohl, main dans la main à Verdun, c'est tout un symbole ! Il montre que la construction européenne passe par l'axe franco-allemand, que le cadre européen représente pour la France moins de risques qu'une germanité forte et repliée sur elle-même. Une stratégie élaborée dès 1983 avec le discours du *Bundestag* (équivalent de l'Assemblée nationale en France) : « *Les pacifistes sont à l'Ouest ; les euromissiles sont à l'Est.* » Cette conviction ne va pas se démentir, même si au moment de la chute du mur de Berlin, en novembre 1989, et de la réunification allemande, en octobre 1990, menée au pas de charge, il y a eu un certain flottement.

> François Mitterrand ne veut pas croire aux inconvénients d'un deuxième septennat. La construction européenne reste dans sa ligne de mire.

François Mitterrand et les socialistes : le dépit amoureux

Il leur a permis d'arriver au pouvoir. Beaucoup lui doivent carrière et honneurs. Au-delà de l'émotion suscitée par la mort du père, les socialistes ont besoin de temps pour retrouver un projet pour le XXIe siècle.

Mai 1949 : François Mitterrand attablé en compagnie de l'écrivain François Mauriac.

Page de droite : en juin 1979, avec Lionel Jospin lors de la convention nationale du PS.

Pourquoi tuer « le père » ?

Le premier à voir en François Mitterrand un leader de la gauche, c'est François Mauriac qui, il est vrai, discerne aussi en lui « *un personnage de roman* ». Pourtant, François Mitterrand n'a été ni radical, ni membre de la SFIO (Section française de l'Internationale ouvrière) et encore moins communiste. Sa situation très particulière sur l'échiquier politique lui a permis de devenir le point de convergence de forces éparses. Et toute sa démarche politique a abouti à ce qu'il a réussi, c'est-à-dire au rassemblement du peuple de gauche. Le fait que le parti communiste ait quitté le gouvernement en 1984 n'y change rien. Mais que le parti socialiste se soit cru obligé, pour survivre en quelque sorte, de distendre ses liens avec celui qui l'a conduit à la victoire, est plus significatif.

Des incidents de parcours à l'incompréhension

Première anicroche : l'affaire de l'amnistie des généraux factieux de l'Algérie française en avril 1983. C'est un signal d'alarme qui ne laisse pas de traces. Beaucoup plus profonde sera la déchirure quand le parti socialiste entre carrément en rébellion, refuse de suivre les directives de Mitterrand et d'élire à la tête du PS Laurent Fabius à la place de Lionel Jospin, nommé ministre d'État à l'Éducation nationale en 1988.

Le second septennat tout entier sera marqué par cette tension qui ira grandissante jusqu'au congrès de Rennes de 1990 : les amis de Michel Rocard, Premier ministre, essayent de s'emparer du PS pour s'en servir comme d'un tremplin pour la présidentielle, alors que Pierre Mauroy et Lionel Jospin tentent de sauver ce qui peut l'être encore de l'unité du parti.

« Je suis convaincu qu'ils [les socialistes] ne sont pas à bout de souffle, simplement ils sont au terme d'une étape, et ils ont besoin aujourd'hui de considérer celle qu'ils vont commencer. » **(TF1, décembre 1991)**

Droit d'inventaire

La candidature de Lionel Jospin à l'élection présidentielle de 1995 et son arrivée, dans la foulée, à la tête d'un parti à peine convalescent, se situe dans la lignée de l'héritage, sur lequel François Mitterrand a tenu jusqu'au bout à exercer son « droit d'inventaire ». Même si au lendemain de la publication en 1994 de *Une jeunesse française* de Pierre Péan, une bonne partie de la *Génération Mitterrand*, les « tontonmaniaques » de 1988, lui tournent le dos, indignés. De son vivant, le dialogue avec cette frange de la jeunesse ne sera plus jamais comme avant. Il faudra attendre sa mort pour qu'un nouveau regard soit porté sur sa vie publique.

« J'y suis allé (au PS) après ma réélection et rien n'a changé depuis sept ans. C'est un parti vieilli qui n'a pas su faire sa reconversion. » **(Le Point, septembre 1988)**

Les amours heureuses sont toujours tumultueuses. Celles de François Mitterrand avec le PS connaissent de véritables crises. Sans jamais aller jusqu'à une rupture sans retour.

La cohabitation de velours

Cette deuxième cohabitation (1993-1995) reste courtoise malgré les aspérités.
La maladie de François Mitterrand devient une donnée politique.

« Édouard Balladur était un homme conciliant, intelligent. Pendant les Conseils il me faisait passer des petits mots drôles, rigolos, sur les travers de ses collègues. »
(La Décennie Mitterrand II, Pierre Favier et Michel Martin-Rolland)

« M. Balladur c'est moi qui l'ai choisi, pas par hasard, non seulement parce qu'il répondait (...) au sentiment général de la nouvelle majorité, mais aussi parce qu'il a des qualités. (...) C'est un homme avec lequel on peut discuter. »
(Interview télévisée, 14 juillet 1993)

Les cohabitations se suivent et ne se ressemblent pas

C'est donc un Édouard Balladur au zénith de sa popularité qui s'installe à Matignon en 1993, alors que la gauche vient de subir l'une de ses plus lourdes défaites aux législatives.

Comme François Mitterrand, Édouard Balladur est un homme du « 104 », c'est-à-dire qu'il est lui aussi chez les maristes de la rue de Vaugirard (*voir* pp. 6-7). C'est aussi lui qui a veillé sur les derniers pas d'un Georges Pompidou malade et à bout de course. Les deux hommes se sont d'ailleurs rencontrés un certain nombre de fois chez Mme Claude Pompidou, à qui François Mitterrand montre des égards en tant que veuve de l'ancien président et qu'Édouard Balladur protège comme ancien collaborateur de son mari.

La courtoisie naturelle du Premier ministre et son expérience passée font qu'il ne cherchera pas les affrontements avec le chef de l'État. D'autant plus qu'à l'évidence, François Mitterrand n'est plus un concurrent.

Pourtant, lorsque le Premier ministre hasarde un pied dans le domaine de la politique étrangère, François Mitterrand se rebiffe.

Mais avec Édouard Balladur, on ne connaîtra jamais cette « gestion paroxysmique des crises » qui a été le lot de la première cohabitation avec Jacques Chirac (1986-1988).

Même si François Mitterrand veille à ne pas perdre la moindre parcelle de pouvoir.

Entre Balladur et Chirac, François Mitterrand laisse faire

C'est pourtant pendant ce temps que François Mitterrand, le « Florentin », gère à sa manière ses relations avec les leaders de l'opposition. Il est persuadé qu'Édouard Balladur est le mieux placé pour lui succéder. Et pourtant, c'est Jacques Chirac qu'il courtise : long entretien à l'Hôtel de Ville lors des cérémonies commémoratives de la libération de Paris ; aparté remar-

Deuxième cohabitation (1993-1995) : Mitterrand et Balladur.

qué pendant les vœux de 1995. A-t-il eu vent que des spéculations sur l'évolution de sa maladie courent les rangs des balladuriens ? Il sait que la date de sa mort – avant la fin de son mandat – est devenue un élément stratégique pour les partisans du Premier ministre, persuadés qu'il ne pourra pas terminer son mandat. Lui, il s'accroche : il ne fera pas cadeau à l'opposition du moindre crédit de temps. Cette obstination va permettre à Jacques Chirac de rebondir.

Transformation du monde

La chute du mur de Berlin en 1989, la réunification allemande en 1990, l'éclatement de l'URSS en 1991, la guerre dans l'ex-Yougoslavie depuis 1992 marquent la fin de la logique du partage de Yalta. Et comme 1914 symbolise la fin du XIXe siècle, la fin du deuxième septennat de François Mitterrand et sa disparition symbolisent l'entrée dans le XXIe siècle.

> Tenir jusqu'au bout pour ne pas faire le moindre cadeau à l'adversaire, tel est le ressort caché de la deuxième cohabitation.

L'affaire Bousquet

La révélation en 1994 de cette sale affaire jette une ombre sur les derniers mois de la présidence de François Mitterrand. Il la gère à sa manière en disant la vérité et en se retranchant dans l'ambiguïté.

Une affaire connue

Tous les faits sont pourtant mis au jour lorsque paraît, en 1994, le livre de Pierre Péan : *François Mitterrand : une jeunesse française*, écrit avec la collaboration et l'aval du chef de l'État. On sait que François Mitterrand a été fonctionnaire à Vichy (*voir* pp. 8-9). On connaît le numéro de sa francisque. Que son ralliement à la Résistance est postérieur à l'invasion de la zone sud par l'occupant nazi est également un fait connu. On se demande en revanche pourquoi il innove en faisant déposer, chaque année, une gerbe sur la tombe du maréchal Pétain. Et l'on s'interroge surtout sur son amitié avec René Bousquet, le responsable de la rafle du Vel-d'Hiv en 1942 : on ne comprend ni la persistance de cette amitié qui s'est maintenue au fil des ans, ni la lenteur de la justice à traiter ce dossier.

Explication ou justification ?

Cette affaire est reçue en vrac comme une gifle par la gauche et au-delà même de ses fidèles. Ils encaissent mal que l'héritier de Jaurès et de Blum, l'homme fort de la gauche fran-

René Bousquet (1909-1993), ancien secrétaire général à la police de Vichy et ami fidèle de François Mitterrand.

RACINES	LE MINISTRE	LE SOCIALISTE	LE PRÉSIDE

çaise de ces vingt dernières années, ait péché par omission sur son passé. Cette histoire de l'autre « *génération Mitterrand* », François Mitterrand la veut et même la favorise pour révéler aux Français une vie de toute une génération plus sinueuse et plus compliquée qu'ils ne le pensent. Pour montrer que sa trajectoire est banale dans la confusion des situations et des âmes de l'époque.

> « *Bousquet n'était pas un vichyssois fanatique comme on l'a présenté. C'était un homme d'une carrure exceptionnelle. Je l'ai trouvé plutôt sympathique (...) Je le voyais avec plaisir. (...) Il a suscité un véritable culte de l'amitié autour de lui.* »
> (*Une jeunesse française*, Pierre Péan, 1994)

> « *Bousquet (...) a déjà été jugé au lendemain de la guerre. Il est certain que je ne tiens pas à ce que l'on ravive constamment la blessure française. Mais la justice, c'est la justice. C'est à elle de faire son devoir.* »
> (Radio J, novembre 1992)

L'intention est sans doute louable mais le résultat est catastrophique. La polémique devient insupportable pour le chef de l'État, quand le 12 septembre 1994, il s'explique face à Jean-Pierre Elkabbach sur France 2. Cette émission, d'une intensité exceptionnelle, destinée à n'évoquer que le passé et la maladie du président, a évidemment plus d'impact que le livre lui-même.

Mais quel malaise quand François Mitterrand évoque le niveau moyen d'information des Français de l'époque et sa propre ignorance des lois anti-juives !

Quel malaise quand à propos de René Bousquet, il s'en tient à l'acquittement de 1949 pour justifier une amitié nouée dans les années 50, jamais démentie, en dépit des accusations publiques de Darquier de Pellepoix, l'ancien commissaire aux questions juives, en 1978.

Est-ce parce que René Bousquet est administrateur de la *Dépêche du Midi*, quotidien régional qui soutient François Mitterrand alors que tout le monde l'a lâché, notamment au moment de l'affaire de l'Observatoire (*voir* pp. 12-13), que le président défunt ne manque jamais de lui renvoyer l'ascenseur ?

> Le trajet personnel de François Mitterrand, à travers les vérités de l'histoire qui ne l'épargnent pas, le contraint à s'expliquer publiquement. Il ne convainc pas.

Vive la République !

Contrairement à la passation des pouvoirs de 1981 entre Valéry Giscard d'Estaing et François Mitterrand, celle de 1995 avec Jacques Chirac se déroule tout en douceur. Signe d'une démocratie parvenue à maturité.

Mai 1995 : passations des pouvoirs et échanges courtois, sur le perron de l'Élysée, entre Jacques Chirac, nouveau président de la République, et François Mitterrand, maître des lieux pendant quatorze ans.

Une passation des pouvoirs sereine

Une pluie fine tombe sur Paris quand François Mitterrand franchit pour la dernière fois les grilles de l'Élysée le 17 mai 1995 vers 9 h. Casquette sur la tête, grosse veste, il fait un dernier tour dans le parc. Un ultime regard sur les rhododendrons et les cols-verts qu'il prend soin de recommander à son successeur. Puis, il prend un dernier petit déjeuner au palais de l'Élysée avec l'académicien Jean d'Ormesson comme si de rien n'était. La passation des pouvoirs a été mise au point par les collaborateurs des deux présidents, le sortant et l'entrant.

RACINES	LE MINISTRE	LE SOCIALISTE	LE PRÉSIDE

Sous l'œil de la garde républicaine

À 11 h, François Mitterrand apparaît sur le perron de l'Élysée pour accueillir Jacques Chirac qui arrive en compagnie de Dominique de Villepin, futur secrétaire général de l'Élysée.

Courte poignée de main devant les photographes. La garde républicaine rend les honneurs.

Les deux présidents s'isolent pendant une petite heure durant laquelle François Mitterrand communique à son successeur le code d'engagement des forces nucléaires.

À midi, c'est le nouveau président qui raccompagne son prédécesseur jusqu'au bout du tapis rouge et lui fait un au revoir de la main.

François Mitterrand, en compagnie de son épouse, prend le chemin de la rive gauche de Paris. Et, avant de rejoindre la rue de Bièvre pour le déjeuner, il s'arrête rue de Solférino au siège du parti socialiste pour un ultime adieu.

D'une passation des pouvoirs à l'autre

Quelle différence avec la passation des pouvoirs de 1981, quand Valéry Giscard d'Estaing quitte ses fonctions sous les huées ! Il est vrai que jusqu'au dernier jour, il est certain de se faire réélire. Jamais il n'imagine que le candidat de la gauche puisse recueillir une majorité, alors que selon lui la France doit être gouvernée au centre.

En 1995 rien de tout cela : le départ de François Mitterrand est programmé et inscrit dans les faits. Jacques Chirac, qui a annoncé sa candidature le 4 novembre 1994 pour prendre date au cas où François Mitterrand viendrait à disparaître avant la fin de son mandat, se garde de toute agression vis-à-vis du président. Au contraire même, il se montre prévenant et respectueux tant de l'homme que de la fonction. À ses collaborateurs, il dit qu'il veut que les choses se passent bien. Mais au-delà des circonstances très particulières du départ de la scène publique d'un homme au seuil de la mort, le passage de témoin de mai 1995 montre la maturation d'une démocratie que les cohabitations ont rendue adulte.

« Notre République (...) se veut démocratique, c'est-à-dire issue du peuple et conçue pour le peuple, elle se veut sociale, c'est-à-dire ouverte également à tous, comme elle se veut indivisible, c'est-à-dire sans concession aucune quand l'unité nationale est en jeu, et laïque, c'est-à-dire tolérante, sans discrimination ni privilège (...). » **(Vœux de l'année 1994)**

« À chacun sa drogue. La mienne est le silence. Comme il se doit, je l'aime et le crains. Mais sans lui je perds ce sens subtil qui permet de communiquer avec l'âme des choses. » **(L'Unité, novembre 1973)**

La passation des pouvoirs entre François Mitterrand et Jacques Chirac est le symbole d'une passation des pouvoirs républicaine.

La mort en face

Toute sa vie, François Mitterrand visite les cimetières. Fasciné non par la mort mais par ce qu'il y a après, il s'éteint dans sa quatre-vingtième année.

« Au moment de plus grande solitude, le corps rompu au bord de l'infini, un autre temps s'établit des mesures communes. En quelques jours, parfois à travers le secours d'une présence qui permet au désespoir et à la douleur de se dire, les malades saisissent leur vie, se l'approprient, en délivrent la vérité. (...) Le mystère d'exister et de mourir n'est point élucidé, mais il est vécu pleinement. » (préface du livre de Marie de Hennezel, *La mort intime*)

Le pèlerinage des adieux

François Mitterrand passe les six derniers mois de sa vie à visiter les lieux qu'il sait qu'il ne pourra revoir. À saluer des amis une dernière fois. Et surtout à rédiger son dernier livre où il s'explique sur son passé à Vichy et sur ses options fondamentales en politique internationale. Terrible travail d'écriture !

Dans une main tremblante et déformée par la maladie, son stylo à l'encre bleue avec lequel il a écrit tant de discours ne lui obéit plus. Ses jambes qui se dérobent, lui l'infatigable promeneur qui a sillonné Paris et ses quais, les sentiers de Latche et ceux de Solutré. On le voit certains jours au Champ-de-Mars soutenu, quasiment porté, par ses officiers de sécurité et son médecin. Un vieil homme à bout de forces.

Mais voilà que le temps d'un répit, il fait des sauts de puce : dans le Gers pour l'anniversaire de son petit-fils Adrien ; chez Michel Charasse en Auvergne ; chez André Rousselet pour une ultime promenade à Saint-Tropez ; à Assouan en Égypte pour le dernier Noël avec sa fille Mazarine et à Latche enfin, pour franchir l'aube de la nouvelle année. À croire que pour cet homme de symboles, né en 1916, la perspective de franchir le seuil de 1996 et de partir dans sa quatre-vingtième année l'a aidé à traverser les derniers jours, alors qu'il était déjà de l'autre côté du miroir.

Croyant, mystique ou agnostique ?

François Mitterrand s'est toujours voulu agnostique (personne professant que tout ce qui est métaphysique est inconnaissable). Mais sa culture, son éducation, les relations qu'il a entretenues avec la mort et les cimetières (le 11 mai 1981 au lendemain de son élection, il va se

recueillir à l'aube sur la tombe de son ami Georges Dayan), son interrogation permanente par rapport à l'au-delà, sa lecture jamais interrompue du Nouveau Testament, l'ordonnancement même de ses obsèques

> « Je sais que je vais mourir, mais je n'y crois pas. (...) La vieillesse n'est pas une question de mort, c'est une question de santé puisque la mort est certaine. »
> (François Mitterrand : Portrait total de Pierre Jouve et Ali Magoudi)

dont il a prévu chaque détail et en particulier la cérémonie religieuse dans l'église de Jarnac, montrent un homme passionné de mysticisme et à la recherche de sa propre vérité. Comment expliquer autrement ses conversations interminables avec Élie Wiesel qu'il a ébloui par sa connaissance des prophètes (il n'aime pas Jérémie) ? Comment interpréter les dernières visites au philosophe Jean Guitton, sur l'au-delà justement ? Ayant abandonné la pratique religieuse, François Mitterrand est resté un croyant malgré lui.

> François Mitterrand n'est pas un retraité comme les autres. Il meurt debout comme un boxeur à son dernier combat. Jusqu'au bout, il veut maintenir les apparences : celles d'un homme qui vit.

L'héritage politique

Une méthode de gouvernement personnelle. L'utilisation habile des institutions. La crédibilisation de la gauche dans la gestion de l'État.

Le mitterrandisme comme méthode de gouvernement

Le mitterrandisme, c'est un nœud de contradictions complémentaires. Et c'est surtout la volonté d'un homme qui cultive le secret, de faire plier les faits à ce qu'il considère comme juste et légitime.

Le goût du secret de François Mitterrand ne date pas d'hier. Il l'a appris chez les pères. Il l'a développé pendant la captivité et la Résistance. Il va en faire au fil des ans une véritable méthode de gouvernement. Quand il demande à un collaborateur de traiter un dossier, l'heureux élu n'est pas l'unique élu. D'autres que lui sont chargés de la même mission avec la même obligation de discrétion. C'est l'une des raisons d'ailleurs pour lesquelles François Mitterrand n'a jamais eu de « cabinet » mais simplement des collaborateurs liés à sa personne sans autre autorité que la sienne. Certains y ont vu la preuve d'une méfiance exacerbée. D'autres le signe de son habileté. Les historiens jugeront sur son sens du secret. Celui, aseptisé, de sa jeunesse et qui attendra 1994 pour être clarifié. Le secret géré de main de maître sur l'existence de sa fille naturelle Mazarine, à qui il a voulu donner, avant de disparaître, une reconnaissance officielle. Le secret caché enfin, en dépit de son souci de transparence, de son cancer et qui provoque, au lendemain de sa mort, une véritable polémique.

Avril 1990 : François Mitterrand en visite à Castelnaudary dans l'Aude. Rencontre avec la toute jeune *Génération Mitterrand*.

Une France « saine »

La grande coquetterie et le grand souci de François Mitterrand auront été de laisser une France en aussi bon état qu'il la reçue. Une France respectée et dont la parole compte sur la scène internationale. Pari tenu : en 1989, les cérémonies du Bicentenaire de la Révolution française rassemblent à Paris les grands de ce monde. La France reste la quatrième puissance mondiale, l'inflation est jugulée et le commerce extérieur, de déficitaire, est devenu excédentaire. Bien sûr, la grande plaie reste le chômage, qui a doublé, et les inégalités qui se sont encore creusées. Les années Mitterrand resteront donc des années de crise politique doublée d'une crise économique et sociale. Celles du socialisme face à l'ultra-libéralisme. Celles qui voient l'épanouissement de l'extrême droite sur le terreau du chômage et du développement de la corruption.

Une gauche convalescente

Par sa durée à l'Élysée, François Mitterrand montre la solidité des institutions de la Ve République. Il lève le tabou d'une gauche inapte à la gestion. Et en ayant géré deux cohabitations avec la droite, il banalise l'alternance. Du coup, la gauche se retrouve en situation de briguer Matignon, à condition d'emporter les prochaines législatives.

> « *Au-delà de deux personnes, il n'y a plus de secret.* »
> (*La Décennie Mitterrand II*, Pierre Favier et Michel Martin-Roland)

> « *Les institutions ? Avant moi elles étaient dangereuses, après moi elles le redeviendront.* »
> (*Les Sept Mitterrand*, Catherine Nay)

14 juillet 1989 : défilé militaire sur les Champs-Élysées et célébration du bicentenaire de la Révolution française.

> François Mitterrand, l'homme des contradictions, est parti avec ses secrets. Même si des tiers, sans autorisation, ont divulgué des pans entiers de sa vie la plus intime.

Mitterrand et la politique étrangère

Ce n'est pas seulement parce que la politique extérieure est, dans la Ve République, la chasse gardée du président, que François Mitterrand s'y investit tant. C'est aussi par passion.

« Mon dessein est de faire de l'Europe tout entière un seul espace. (...) C'est pourquoi j'ai parlé de Confédération. » (Interview télévisée, 14 juillet 1990)

Mitterrand l'européen

L'engagement en faveur de l'Europe reste l'un des axes majeurs et permanents de l'action diplomatique de François Mitterrand. Jeune ministre, mais « *témoin silencieux d'un moment historique* », il participe en 1948 au premier congrès européen rassemblant autour de Churchill, de Gasperi et Adenauer, des parlementaires britanniques, italiens, allemands et français désireux de construire une Europe unie au lendemain de la Seconde Guerre mondiale.

À peine élu en 1981, le président socialiste fait irruption dans le cénacle de la CEE pour plaider, en vain, en faveur d'un « espace social européen ». Une idée qu'il n'abandonnera pas jusqu'à la faire prendre en compte en 1989 : l'« espace social européen » devient réalité.

« *La France est notre patrie, l'Europe notre avenir* » : ce credo, François Mitterrand ne cesse de le marteler au moment des grandes décisions, en particulier en 1983 où il doit faire des choix économiques, lorsque les partisans de « l'autre politique », favorables à la sortie de la France du SME (système monétaire européen), font le siège de l'Élysée.

Faire avancer l'Europe, il s'y attèle avec la complicité d'Helmut Kohl, le chancelier allemand. Il va épauler ce dernier sans hésitation, en se prononçant en 1983 pour le déploiement sur le sol européen de fusées américaines pour faire face aux SS 20 soviétiques. Et c'est sous la présidence française de la CEE en 1989 qu'a lieu l'arrimage à l'Europe

Octobre 1994 : François Mitterrand et Felipe Gonzalez, chef du gouvernement espagnol, réunis à Foix en Ariège pour célébrer l'amitié franco-espagnole.

d'une Allemagne en voie de réunification. À Maastricht enfin, le couple franco-allemand agit encore comme « le moteur » de la Communauté, lorsqu'il fait passer la CEE au stade de l'Union européenne, avec la perspective d'une monnaie unique et d'une politique extérieure et de sécurité commune.

> « **La Serbie est aujourd'hui l'agresseur, même si l'origine du conflit vient de beaucoup plus loin.** » (Lisbonne, juin 1992)

Mitterrand et la réunification allemande

Manque de prévoyance ? Il s'en est toujours défendu : « *J'ai toujours dit à mes collaborateurs que l'Union Soviétique aura éclaté avant la fin du siècle. Je m'étais trompé de dix ans.* » En juillet 1989 en tout cas, François Mitterrand résume la politique française à l'Est dans une double affirmation : « *L'aspiration des Allemands à l'unité me paraît légitime, mais (...) l'Allemagne n'a pas intérêt à sacrifier sa politique européenne pour une réunification à laquelle l'URSS n'est pas prête.* »

Mitterrand l'Africain

François Mitterrand reste pour les Africains le successeur le plus populaire du général de Gaulle, surnommé « le décolonisateur ». Et l'Afrique garde de lui l'image de l'homme du discours de La Baule prononcé en juin 1990, qui a lié l'aide économique à la démocratisation, se faisant l'avocat des plus pauvres. Les Africains se souviennent aussi qu'il a plaidé en 1989 à Dakar, pour l'allègement de leur dette.

Novembre 1981 : au lendemain d'un sommet africain, François Mitterrand reçoit à déjeuner six chefs d'État africains.

Mitterrand l'homme des leçons

À la Knesset (parlement israélien) en 1982, il se prononce sur le principe d'un État palestinien. En 1984, devant les lambris dorés du Kremlin, il évoque le sort reservé au dissident Andreï Sakharov et exprime son désaccord sur la Pologne, l'Afghanistan et l'installation des SS 20 en Europe. À Prague, il s'inquiète de Vaclav Havel alors emprisonné. Il mettra toutefois du temps à condamner l'action des Serbes dans l'ex-Yougoslavie même si symboliquement il se rend à Sarajevo en juin 1992.

> La politique étrangère est le domaine réservé d'un homme passionné, avec ombres et lumières sur une présence tout terrain.

Un PAF libre

Dès 1981, François Mitterrand veut la libéralisation des ondes et du paysage audiovisuel. Malgré des échecs, c'est un formidable espace de liberté qui s'ouvre.

Une règle d'or : pas de poursuites en diffamation

Entré à l'Élysée, François Mitterrand continue à faire sienne la règle de ne jamais poursuivre un journaliste en diffamation. Ses rapports avec la presse connaissent pourtant des hauts et des bas, mais s'il se fâche et fait connaître ses humeurs, il ne donne jamais à ses colères des traductions juridiques.

C'est dans le même esprit qu'il aborde la libéralisation des ondes qui bouleverse le paysage audiovisuel. Il est loin le temps où une radio libre socialiste Radio Riposte, apparaissant comme une radio « pirate », provoque des descentes de police.

La fin du monopole

Passant d'un monopole archaïque d'État à la révolution technologique du XXIᵉ siècle, l'audiovisuel connaît pendant les deux septennats (de 1981 à 1995), les plus grands bouleversements de son histoire.

En 1981, ce que l'on n'appelle pas encore le PAF se limite à trois chaînes publiques, contrôlées par le gouvernement, et à quelques radios périphériques privées ou semi-publiques.

C'est sous l'autorité de François Mitterrand qu'une loi de

RACINES | LE MINISTRE | LE SOCIALISTE | LE PRÉSIDEN

novembre 1981 autorise les radios locales privées sur la bande FM. Dans les télévisions publiques, c'est la « vague rose » qui l'emporte : les P.-D.G. valsent allègrement. Mais en juillet 1982, une loi proclame : « *La communication audiovisuelle est*

> « Si je n'étais pas pour les radios libres, je n'en aurais pas donné le coup d'envoi. Car c'est bien avec le gouvernement que j'ai constitué que sont nées, autant que se sont développées, les radios liberté. »
> (Évry, mars 1984)

libre. » Le monopole télévisuel éclate, la création de télévisions privées devient possible, une instance indépendante est créée, chargée de nommer les P.-D.G. des sociétés publiques : c'est la Haute Autorité de l'audiovisuel, ancêtre du Conseil supérieur de l'audiovisuel.

En 1984 naît Canal +, première chaîne cryptée. En 1985, c'est au tour de la Sept qui deviendra la chaîne franco-allemande Arte. En 1985 encore, apparaît la Cinq accordée par les socialistes à Silvio Berlusconi : elle passera sous l'autorité de Hachette avant de mourir en 1992. Le câble est lancé à grands frais : c'est un gouffre financier, comme les premiers satellites publics de télévision directe TDF1-TDF2.

> « Jamais dans l'histoire du pays, le droit d'expression n'a été aussi libre. (...) C'est un grand champ de liberté pour la France. Ce champ atteint vite la cacophonie, qui apprend au demeurant que la liberté doit se discipliner elle-même. »
> (Évry, septembre 1991)

Des années fric à la stabilisation

Lors de la première cohabitation (1986-1988), « la loi Léotard » remplace la Haute Autorité par la Commission nationale de la Communication et des libertés (CNCL) et surtout privatise TF1. Conséquence : tout le secteur de l'audiovisuel est plongé dans le tournis des milliards qui tombent. La CNCL change les P.-D.G., attribue TF1 au groupe Bouygues. Et la Six, enfin devenue M6, dépend d'un consortium Lyonnaise des Eaux-CLT.

En 1989, le CSA (Conseil supérieur de l'audiovisuel) remplace la CNCL et une loi d'avril 1989 instaure la présidence commune d'Antenne 2–FR3, avant que ces deux chaînes publiques ne forment France Télévision.

> De tout temps, François Mitterrand entretient avec les journalistes, notamment ceux de l'audiovisuel, des rapports conflictuels. Ce qui ne l'empêche pas de libéraliser les ondes en 1981.

L'homme des fidélités

François Mitterrand

ne manque jamais à ses amis mais il leur demande un dévouement sans faille. Par solidarité, il prend parfois des risques politiques.

On ne laisse pas tomber un collaborateur

Pour François Mitterrand, la fidélité en amitié prime tout. Elle sera toujours récompensée et il défendra jusqu'à l'ultime limite du possible – et parfois de l'impossible – des amis en difficulté. Ainsi, après l'affaire des Irlandais de Vincennes en 1982 ou celles des écoutes téléphoniques pratiquées entre 1983 et 1986 par la cellule anti-terroristes de l'Élysée, le commandant Christian Prouteau continuera-t-il à venir à l'Élysée, côté cour et côté jardin ; puis, il deviendra préfet et recevra, en 1993, la Légion d'honneur en pleine campagne législative.

Vous avez dit initié ?

Le cas de Roger-Patrice Pelat sera plus pathétique. Compagnon de captivité du président (*voir* pp. 6-7), ils nouent des liens qui traverseront le temps et les épreuves. « *Sans lui je n'aurais pas survécu au stalag* », dira le président. Au cours des ans, Patrice Pelat devient un homme riche et l'accompagnateur des promenades présidentielles : on l'appelle même « *le vice-président* », sans qu'il n'ait jamais eu le moindre rôle politique. Lorsque éclate début 1989 le délit d'initié dans l'affaire Pechiney, qui compte racheter le groupe *American Can*, Roger-Patrice Pelat acquiert un bon paquet d'actions en France et en Suisse et réalise une plus-value

RACINES	LE MINISTRE	LE SOCIALISTE	LE PRÉSID

Avril 1992 : Bernard Tapie, fraîchement nommé ministre de la Ville, sort du premier Conseil des ministres du nouveau gouvernement Bérégovoy.

de 11 millions de francs. François Mitterrand demande que la justice soit sévère mais n'acceptera jamais la mise en cause de son ami qui meurt en mars 1989 après sa condamnation pour « recel de délit d'initié ». Plus tard, il confiera : « *On parle d'initié au sujet de Pelat. Je connais des gens plus huppés qui passent leur temps à être initiés. D'ailleurs qu'est-ce que la Bourse, si ce n'est l'initiation ?* »
Même attitude vis-à-vis de Pierre Bérégovoy, Premier ministre d'avril 1992 à mars 1993, qui a contracté un prêt légal auprès de Roger-Patrice Pelat pour acheter un appartement et qui, mis en cause, se suicide le 1er mai 1993.
Même solidarité envers Bernard Tapie qu'il n'a jamais renié. Et une vive blessure à l'égard de François de Grossouvre, un ami responsable des chasses présidentielles, qui se donnera la mort en avril 1994 dans son bureau de l'Élysée, alors que depuis longtemps il n'assumait plus aucune charge officielle. N'est-ce pas dans la propriété de ce dernier, proche de Château-Chinon, que François Mitterrand retrouve régulièrement Mazarine et sa mère Anne Pingeot avant que l'affaire ne devienne publique ?

En politique comme dans la vie privée, François Mitterrand a toujours su garder des liens forts avec ses amis ou ses collaborateurs. Pour ses obsèques, il a demandé que ce soient les gendarmes de sa protection rapprochée qui portent son cercueil.

Les cercles des amis

François Mitterrand n'a pas d'amis mais des cercles d'amis qui ne se croisent jamais. Il est le dénominateur commun de tous.

Des amis dans des cercles

Est-ce paradoxal de dire que François Mitterrand n'a pas vraiment d'amis, Georges Dayan excepté, qui est pendant quarante ans son ami de cœur, son confident, celui à qui il peut tout dire et qui peut tout lui dire ?

François Mitterrand entretient de tout temps des cercles d'amis qui se croisent rarement et dont il est le seul point de convergence. On se souvient qu'il use ses fonds de culottes au collège Saint-Paul d'Angoulême (*voir* pp. 4-5) avec le général Pierre Guillain de Bénouville : celui-ci monte à la tribune de l'Assemblée nationale en tant que député RPR en février 1984, pour témoigner lorsque la qualité de résistant du chef de l'État est mise en cause.

Juillet 1984 : photo de famille autour de François Mitterrand.

La captivité puis son entrée en clandestinité (*voir* pp. 8-9) fournissent à François Mitterrand l'occasion de découvrir de nouveaux horizons. Notamment les communistes dans les camps dont il n'oubliera jamais la solidarité et le sens de l'organisation. Mais la clandestinité développera aussi son goût du secret. De là date son attachement à Georges Beauchamps dont la vie et la carrière se sont confondues avec les siennes ; Jean Védrine et Jean Munier ne manqueront jamais à son amitié ; Marguerite Duras, dont il arrache *in extremis* le mari, Robert Antelme, au typhus des camps de la mort, demeurera une inconditionnelle. Et André Rousselet restera un grand fidèle.

« Je retrouve très souvent mes amis personnels. Disons que j'ai une vie de petit groupe amical extrêmement serré. » **(Europe 1, 1976)**

RACINES	LE MINISTRE	LE SOCIALISTE	LE PRÉSIDE

Des amis partout

Au cours de son parcours politique, les strates des amis se superposent en fonction de la propre évolution de l'ancien chef de l'État. À Joxe, Estier, Mermaz ou Mexandeau viendront s'ajouter avec le temps Colliard, Jospin, Fabius, Charasse, Attali et Védrine. Ils travailleront ensemble, mais François Mitterrand gardera toujours des relations différentes avec les uns et les autres. Dans le meilleur des cas, elles demeurent bilatérales ou du moins circonscrites dans des cercles qui ont une histoire commune. Ainsi Laurence Soudet, conseiller à l'Élysée, le rejoint-elle après avoir appartenu à l'écurie Mendès France ; Jean-Louis Bianco vient du vivier Attali et Anne Lauvergeon, *sherpa* du président et secrétaire générale adjointe de l'Élysée, est devenue une proche incontournable.

Pas étonnant donc de voir François Mitterrand sillonnant l'Hexagone en sachant où s'arrêter, connaissant les diverses étapes, ayant partout un point de chute, un ami qui l'attend pour évoquer un souvenir et partager un déjeuner, raconter une histoire, faire de la connivence de la mémoire commune une fête permanente.

À chaque lieu correspond un cercle d'amis

Entre les amis des Landes, de la Nièvre ou de Solutré, rien de commun ! À Latche, on vient sur invitation. Dans la Nièvre, c'est François Mitterrand qui s'invite chez Yvette Chevrier, qui, avec son époux, veille sur lui pendant des années à l'hôtel du Vieux-Morvan. À Solutré, c'est toujours un noyau dur qui se retrouve (Hernu en son temps) : ceux qui sont conviés, c'est en signe de considération, mais il y a aussi ceux sur lesquels tombe le couperet du jour au lendemain, Attali par exemple. Mais le dernier cercle, c'est celui qui est érigé autour de lui dans les derniers mois comme un bouclier protecteur. Anne Lauvergeon, Hubert Védrine, Michel Charasse, Maurice Benassayag passent du stade de collaborateurs à celui d'amis-confidents.

> « *Les coups de foudre en amitié, on les a jeune. C'est plus rare ensuite. C'est pour cela que les amis les plus solides sont ceux qu'on a dans sa jeunesse. Et pourtant, ce que je dis mérite aussitôt la contradiction car j'ai des amitiés très profondes qui sont celles de l'âge mûr. Bref, il n'y a pas de loi.* »
> (*Elle*, juillet 1988)

François Mitterrand fait du culte de l'amitié une façon de vivre.

L'homme de culture

Écrivain et esthète, le goût de François Mitterrand pour les lettres, l'architecture et pour tout ce qui touche à la vie culturelle, lui donne une place à part.

« *Tout livre en vitrine excite mon appétit, un formidable appétit de lettres, de signes, de titres, de typographie.* » (*L'Abeille et l'Architecte*)

« *Je ne pense pas du tout que l'ère du livre s'achève avec l'avènement de l'audiovisuel.* » (*L'Express*, 1974)

L'homme de l'écrit

La photo officielle de François Mitterrand de 1981 le représente dans la bibliothèque de l'Élysée, un livre à la main, sur fond d'ouvrages précieux. C'est dire l'importance qu'il accorde aux livres et à l'écrit. D'ailleurs, il s'est toujours considéré comme un écrivain à armes égales avec d'autres écrivains. Il est le symbole d'un amateur éclairé aimant l'histoire et la littérature. Et surtout il reste un lecteur assidu, qui partout dans toutes les circonstances, alors qu'il sillonne la France d'un meeting politique à l'autre, n'arrête pas de lire et de relire.

François Mitterrand passe au crible les romans qui sortent. Il devient un familier de Michel Tournier et de Jules Roy. Longtemps, il entretient une correspondance avec Saint John Perse et Albert Cohen à qui il va rendre visite à Genève, pour le plaisir. Il récite Lamartine, se réfère à Victor Hugo et n'oublie pas Chardonne. Et enfin, il connaît sur le bout des doigts, le moindre écrivain régional du XIXe siècle qui a publié sur telle ou telle province française.

Le bâtisseur

Ce goût des lettres et sa fréquentation des écrivains qu'il reçoit régulièrement à sa table, François Mitterrand va les mettre au service de sa politique culturelle. Elle est complétée par une sensibilité très personnelle à l'art plastique : il sillonne les galeries de la rive gauche de Paris et aucun musée n'a de secret pour lui.

Mais ce qui compte dans ses deux septennats, c'est son sens de l'esthétique architecturale. De tous les projets qu'il entreprend à Paris, un seul est mort-né : le centre des conférences internationales. Mais s'il achève les mises en chantier de son prédécesseur Valéry Giscard d'Estaing – le musée d'Orsay – c'est à lui que l'on doit la Cité des sciences, l'Institut du monde arabe, l'Opéra Bastille et la Grande Bibliothèque inaugurée quelques jours avant qu'il n'achève son mandat.

Sa grande réalisation reste cependant la rénovation du Louvre. Non pas tant parce que la pyramide de Pei a fait couler beaucoup d'encre. Mais parce que François Mitterrand l'a conçue dans une vue plus large. Il raconte qu'un matin à l'aube, avant de s'envoler pour la Chine, il se rend aux Tuileries pour vérifier qu'à travers le Carrousel, la perspective qui traverse l'arc de triomphe jusqu'à l'arche de la Défense soit en harmonie avec le projet de Pei. Un perfectionnisme qu'il n'a jamais renié.

« L'architecture n'est pas seulement une enveloppe extérieure : elle révèle d'abord un contenu. Elle n'est pas neutre. Elle exprime des finalités politiques, sociales, économiques, culturelles d'une société. Un président de la République ne peut donc s'en désintéresser. »
(*Connaissance des arts*, 1981)

Ci-contre :
l'Opéra-Bastille.

Amoureux des livres et protecteur des arts, ce sont deux approches de la politique que personne ne dispute à François Mitterrand.

Lieux de mémoire

Ce ne sont pas seulement les lieux où il a vécu qui sont devenus des lieux de pèlerinage. Il y a aussi les lieux qu'il a aimés.

L'homme qui aime les maisons

François Mitterrand, qui aime les maisons dotées d'une âme, s'éteint dans un immeuble anonyme de Paris, avenue Frédéric-Le-Play.

François Mitterrand, qui porte en son cœur la nostalgie de son enfance charentaise, garde une plaie ouverte de n'avoir pu acheter la maison de ses grands-parents à Touvent (*voir* pp. 4-5). Il repose désormais à Jarnac à quelques pas de sa maison natale.

« *Je passe presque toutes mes vacances à Latche, qui se trouve au milieu d'une clairière perdue dans la forêt landaise. (...) Je me trouve au milieu d'un million d'hectares de forêt de pins, de chênes.* »
(Europe 1, 1976)

François Mitterrand, l'homme des enracinements, ne possède à aucun moment la moindre parcelle de terrain dans la Nièvre, son fief politique pendant près de quarante ans. Il se contente de louer à l'année une chambre vieillotte (n° 15) à l'hôtel du Vieux-Morvan. Il s'y rend toutes les semaines, vacances ou pas.

Mais François Mitterrand, amoureux de Paris et dont il connaît tous les recoins de la rive gauche, plante sa tente rue de Bièvre dans les années 70, une petite maison avec un escalier en colimaçon et une cour dans laquelle on trouve un vieux puits, comme dans les histoires d'autrefois.

François Mitterrand fait le fameux serment de Solutré au lendemain de la Seconde Guerre mondiale. Avec des amis issus de la Résistance, ils promettent de venir tous les ans à Pâques pour y faire l'ascension du rocher. Et puis, de Pâques, le rendez-vous est fixé à la Pentecôte pour avoir un temps plus clément. Là non plus, il n'a pas vraiment de point d'attache si ce n'est la maison de sa belle-famille à Cluny. Petite maison de curé avec jardin, pour une simple halte.

| RACINES | LE MINISTRE | LE SOCIALISTE | LE PRÉSID |

Août 1969 :
François Mitterrand
en vacances dans
les Landes
à Hossegor.
Promenade en
solitaire au milieu
des pins.

« *Rien ne me
trouble plus que la
beauté. De quelles
correspondances
est-elle le signe ?
Quel monde révèle-
t-elle où l'âme
aurait accès ? (...)
Que toute maison
soit palais et tout
palais navire, que
toute pierre soit
orgueil, toute
église ornement,
toute île
Bucentaure. (...)
La beauté de
Venise prouve
d'abord que
l'homme existe.* »
(**La Paille
et le Grain**)

L'homme des Landes et l'amoureux de Venise

François Mitterrand choisit les Landes dans les années 50, parce que c'est le fruit d'un compromis entre son goût pour la Bretagne et celui de Danièle, son épouse, qui aime le Midi. C'est à Hossegor d'abord qu'il acquiert une maison avant de découvrir la bergerie de Latche, au milieu des pins, qui le séduit. Il y a ses livres, ses chiens et ses ânes. Il y plante des chênes pour ses petits-enfants. Il y reçoit les amis comme les grands de ce monde. Au soir de sa vie, il découvre les douceurs de Belle-Île en Bretagne. Et n'oublie jamais de se rendre à Gordes, dans le Vaucluse, dans la maison d'Anne Pingeot et de Mazarine.

Mais François Mitterrand, c'est aussi un voyageur sans bagages. Assouan en Égypte l'accueille pour son dernier Noël en 1995, mais il y vient déjà régulièrement. Et puis il y a le Florentin. Celui qui s'intéresse à Florence avec passion et avec le projet d'écrire un livre sur Laurent le Magnifique, un Médicis qui l'a toujours fasciné. Le livre n'est pas écrit et l'âge venant, François Mitterrand délaisse Florence pour Venise, la ville du plaisir et du déclin. On le voit partout : à l'Accademia, au Rialto, à San Giorgio Maggiore, à la terrasse du café Florian ou au domicile de son ami, le peintre Zoran Music. Venise pour François Mitterrand, c'est la beauté à l'état pur.

Les goûts
de François
Mitterrand,
homme
d'éclectisme
et de passions,
le portent vers
des lieux aux
rendez-vous fixes.

Bibliographie

Ouvrages de François Mitterrand :

Les Prisonniers de guerre devant la politique, éditions du Rond-Point (1945).

Aux frontières de l'Union française, Julliard (1953).

Présence française et abandon, Plon (1957).

La Chine au défi, Julliard (1961).

Le Coup d'État permanent, Plon (1964).

Ma part de vérité, Fayard (1969).

Un socialisme du possible, Seuil (1970).

La Rose au poing, Flammarion (1973).

La Paille et le Grain, Flammarion (1975).

Politique, Fayard (1977).

L'Abeille et l'Architecte, Flammarion (1978).

Ici et maintenant, Fayard (1980).

Politique II, 1977-1981, Fayard (1981).

Réflexion sur la politique extérieure de la France, Fayard (1986).

Mémoire à deux voix, en collaboration avec Élie Wiesel, Odile Jacob (1995).

À paraître : *Les derniers écrits*, Odile Jacob.

Ouvrages sur François Mitterrand :

Mitterrand lui-même, par Jean-Marie Borzeix, Stock (1973).

François Mitterrand ou la Tentation de l'Histoire, par Franz-Olivier Giesbert, Seuil (1977).

Les Familles du président, par Maurice Szafran et Sammy Ketz, Grasset (1982).

Le Noir et le Rouge ou l'Histoire d'une ambition, par Catherine Nay, Grasset (1984).

Portrait du président : le monarque imaginaire, par Jean-Marie Colombani, Gallimard (1985).

Les années Mitterrand, histoire baroque d'une normalisation inachevée, par Serge July, Grasset (1986).

Mitterrand, portrait total, par Pierre Jouve et Ali Magoudi, Carrère (1986).

François Mitterrand, chronique d'une victoire annoncée, par Kathleen Evin, Fayard (1988).

Les Sept Mitterrand ou les Métamorphoses d'un septennat, par Catherine Nay, Grasset (1988).

*La décennie Mitterrand I :
les ruptures,* par Pierre Favier et
Michel Martin-Rolland, Seuil
(1990).

Le Président, par Franz-Olivier
Giesbert, Seuil (1990).

Le Feu et l'Eau, par Jean-Paul
Liégeois et Jean-Pierre Bédeï,
Grasset (1990).

*La Décennie Mitterrand II :
les épreuves,* par Pierre Favier et
Michel Martin-Rolland, Seuil
(1991).

L'Après-Mitterrand, par Éric Dupin,
Calmann-Lévy (1991).

*De Gaulle-Mitterrand : la marque et
la trace,* par Alain Duhamel,
Flammarion (1991).

La Moraliste, par Stéphane Denis,
Fayard (1992).

Grand Amour, par Erik Orsenna,
Seuil (1993).

Verbatim I : 1981-1986, par Jacques
Attali, Fayard (1993).

La Part d'ombre, par Edwy Plenel,
Stock (1993).

La Haine tranquille, par Robert
Schneider, Seuil (1993).

Les Dernières années, par Robert
Schneider, Seuil (1994).

Mitterrand et les communistes, par
Jean-Michel Cadiot, Ramsay (1994).

*La Morale de l'Histoire, Mitterrand-
Mendès France, 1943-1982,* par
François Stasse, Seuil (1994).

*Le Roman familial de François
Mitterrand,* par Marie Balvet, Plon
(1994).

*Une jeunesse française : François
Mitterrand, 1934-1947,* par Pierre
Péan, Fayard (1994).

*Verbatim II : Chronique des années
1986-1988,* par Jacques Attali,
Fayard (1995).

Verbatim III : 1988-1991, par
Jacques Attali, Fayard (1995).

L'Année des adieux, par Laure Adler,
Flammarion (1995).

Mitterrand en toutes lettres, par Édith
Boccara, Belfond (1995).

*Le Cercle des intimes, François
Mitterrand par ses proches,* par
Caroline Lang, La Sirène (1995).

*François Mitterrand, le roman de sa
vie,* par Geneviève Moll, Éditions
Sand (1995).

Chronologie

1916 : Naissance de François Mitterrand, le 26 octobre 1916, à Jarnac (Charente).

1934 : Après des études secondaires au collège Saint-Paul d'Angoulême, François Mitterrand « monte » à Paris pour faire ses études supérieures à la faculté de droit et à Sciences-Po.

1940 : Mobilisé en 1939, il est blessé en mai 1940 et fait prisonnier. Il s'évade en décembre 1941.

1942 : Il travaille à Vichy à la Légion des combattants et volontaires puis au Commissariat chargé du reclassement des prisonniers de guerre.

1943-1944 : Il participe à la création d'un mouvement de Résistance constitué d'anciens prisonniers. Il fusionne en 1944 avec deux autres organisations pour former le Mouvement national des prisonniers de guerre.

1946-1958 : Élu député de la Nièvre, il est onze fois ministre. Opposant au retour du général de Gaulle, il est battu aux législatives de 1958.

1959 : Élu maire de Château-Chinon, il devient sénateur de la Nièvre. Victime du faux attentat de l'Observatoire, son immunité parlementaire est levée.

1962 : Il retrouve son siège de député de la Nièvre.

1965 : Candidat à la présidentielle, il met le général de Gaulle en ballottage.

1971 : Il devient Premier secrétaire du nouveau parti socialiste créé à Épinay.

Un an plus tard, il signe le programme commun de gouvernement avec les communistes.

1974 : Il est candidat à la présidentielle anticipée par la mort de Georges Pompidou. Il est battu par Valéry Giscard d'Estaing.

1981 : 10 mai : il est élu président de la République. Pierre Mauroy est nommé Premier ministre.
août à octobre : plusieurs projets de loi sont approuvés, notamment l'abolition de la peine de mort. Première dévaluation du franc.

1982 : janvier à juin : adoption de plusieurs projets de lois sociales. Deuxième dévaluation du franc.

1983 : Discours du *Bundestag* (équivalent de l'Assemblée nationale en France) sur les SS 20 soviétiques et troisième dévaluation du franc.

1984 : 24 juin : la manifestation en faveur de l'enseignement privé rassemble à Paris plus d'un million de personnes.

1985 : L'affaire du *Rainbow Warrior* qui a fait un mort éclate. Elle entraîne la démission de Charles Hernu, alors ministre de la Défense.

1986 : 16 mars : la droite remporte les législatives. Jacques Chirac est nommé Premier ministre.

1988 : 8 mai : réélection de François Mitterrand à la présidence de la République.

1989 : 20 juin : projets de loi sur le financement des partis politiques et des campagnes électorales.
13-14 juillet : bicentenaire de la Révolution française.
31 décembre : François Mitterrand lance l'idée d'une « confédération européenne ».

1990 : 14 juillet : le service militaire est réduit à 10 mois, à partir de 1992.

1992 : 7 février : les Douze signent le traité de Maastricht.
11 septembre : première opération chirurgicale.
20 septembre : le traité de Maastricht est approuvé par référendum.

1993 : 28 mars : la droite obtient la majorité absolue à l'Assemblée nationale. Édouard Balladur est nommé Premier ministre.
1er mai : Pierre Bérégovoy met fin à ses jours.

1994 : 18 juillet : deuxième intervention chirurgicale.
12 septembre : il s'explique à la télévision sur sa santé et

son passé révélé par un livre de Pierre Péan, *Une jeunesse française*.

1995 : janvier : au cours des cérémonies des vœux, il affirme qu'il ira jusqu'au terme de son mandat.
11 avril : publication chez Odile Jacob d'un livre d'entretiens avec Élie Wiesel, *Mémoire à deux voix*, dans lequel il revient sur ses relations avec René Bousquet.
17 mai : passation des pouvoirs avec Jacques Chirac.

1996 : 8 janvier : décès à Paris.
11 janvier : obsèques à Jarnac (Charente).

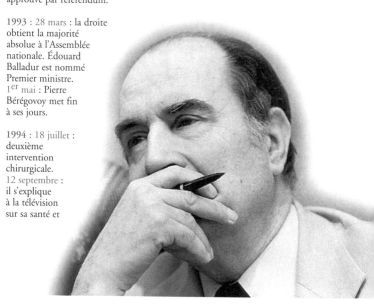

Dans la même collection :

Responsable éditorial : Bernard Garaude
Directeur de collection – édition : Dominique Auzel
Secrétariat d'édition : Véronique Sucère
Correction – révision : Didier Dalem
Lecture – collaboration : Pierre Casanova
Iconographie : Sandrine Guillemard
Fabrication : Isabelle Gaudon, Hélène Zanolla
Conception graphique : Bruno Douin
Couverture – Maquette : Olivier Huette

•

Crédit photos :
Archives Photos : pp. 3, 10, 12, 13, 16, 18, 19, 20, 21, 22, 23, 26, 27, 28, 30, 31, 35, 36, 37, 47, 49, 53, 54, 56, 59, 63 / Sipa Press : p. 4 /
Roger-Viollet : pp. 7, 9, 14, 40, 42 / Vioujard - Gamma : p. 25 / Francolon - Gamma : p. 32 / Bassignac - Gamma : p. 39 / Merillon -
Gamma : p. 45 / T. Bordas : pp. 46, 48 / D. Chauvet - Milan : p. 50 / S. Saerens : p. 57 / F. Canard : p. 58

Les erreurs ou omissions involontaires qui auraient pu subsister dans cet ouvrage malgré les
soins et les contrôles de l'équipe de rédaction ne sauraient engager la responsabilité de l'éditeur.

Aubin Imprimeur, 86240 Ligugé. — D.L. février 1996. — Impr. P 50829